_____님께 드립니다.

운명을 만드는
절제의 성공학

° 편저자 류건

스스로 치유하며 행복하게 사는 법을 배우고 가르친다. 처음엔 자기를 치료하기 위해, 나중엔 아이를 치료하기 위해 많은 의학을 배웠다. 단식, 식이요법, 카이로프랙틱, 정골요법, 에너지요법, 침뜸, 한약, 아로마테라피 등을 배우고 익히기 위해 학교 다닌 시간보다 더 많은 세월을 보냈다. 자폐증과 발달장애 치유를 위한 후각훈련을 세계 최초로 개발했다. 넘어진 사람을 일으켜 세우며 성공과 실패, 치유와 아픔, 행복과 불행이 다르지 않다는 것을 배우며 산다. 지은 책으로 <절제의 행복학>, <감각을 깨우는 후각훈련>, <자폐야 미안하다 넌 상대를 잘못 골랐다> 등이 있다.
givebest@naver.com

운명을 만드는 절제의 성공학

초　판 1쇄 발행 2005년 3월 28일
개정판 1쇄 발행 2006년 9월 16일
개정판 22쇄 발행 2012년 8월 1일
증보판 1쇄 발행 2013년 7월 25일
증보판 30쇄 발행 2024년 9월 1일

지은이 미즈노 남보쿠 편저자 류 건
발행처 바람출판사　　출판등록 2004년 7월 19일
발행인 류재천　　　편집디자인 류정미　　표지디자인 이승희

주소 오산시 매홀로 85-4 101호
대표전화 0505-301-3133 팩스 0505-302-3133 이메일 barambook@daum.net
ISBN 978-89-92382-13-7 [13320]

운 · 명 · 을 · 만 · 드 · 는

절제의 성공학

미즈노 남보쿠 지음 | 류 건 편저

바
람

차례

지은이 미즈노 남보쿠의 생애

일본의 대사상가이자 운명학자인 미즈노 남보쿠는 어려서 부모를 잃고 대장장이를 하던 작은아버지 밑에서 키워졌습니다. 10세 때부터 술을 배우고, 도박을 일삼으며, 하루가 멀다하고 싸움을 일으키다가 결국 18세 되던 해에 유흥비를 위해 도둑질을 해서 감옥에 가게 되었습니다.

반년 동안 감옥에 있으면서 남보쿠는 밖에서 보아왔던 사람들과 감옥에 들어오는 사람들이 꽤 많이 다르다는 사실을 발견하였습니다. 감옥에서 죄인들을 관찰하던 남보쿠는 감옥에서 나오자마자 자기의 인생이 궁금해서 관상가를 찾아갔습니다.

"1년 안에 칼에 맞아 죽을 상(相)이니, 이 길로 속히 절에 가서 출가하기를 청하시오."

이 말을 들은 남보쿠는 그길로 가까운 절에 가서 출가를 청했으나, 절의 주지스님은 "스님이 되는 것은 아주 힘든 일이오. 앞으로 1년 동안 보리와 흰 콩으로만 식사를 하고 다시 돌아오면 그때 받아주겠소."라며 거절했습니다.

남보쿠는 바닷가에서 짐꾼으로 힘들게 일하면서도 살기 위해 보리와 흰 콩만을 먹고, 술도 끊고 버티었습니다. 어울리는 무리들이 난폭하여 종종 싸움이 일어났지만, 작은 상처만 입을 뿐 생명에는 지장이 없었습니다. 1년을 무사히 넘기고 출가하기 위해 절로 향하던 그는 자신의 죽음을 예언했던 관상가에게 찾아갔습니다. 남보쿠를 알아본 관상가는 크게 놀라며 물었습니다.

"완전히 상(相)이 바뀌었군요. 어디서 큰 덕을 쌓았소, 아니면 사람의 목숨을 구했소?"

"생명을 구한 일은 없지만, 스님의 말씀 따라 보리와 흰 콩만 먹고 1년을 살았습니다."

"식사를 절제한 것이 큰 음덕을 쌓았구려. 그것이 당신을 구했소!"

관상가에게 죽음의 상이 없어졌다는 말을 듣고, 남보쿠는 출가보다는 관상가가 되겠다는 결심을 하고 전국을 돌아다녔습니다.

처음에는 머리 만지는 사람의 제자가 되어 3년간 사람의 얼굴 모양을 연구했습니다. 그 다음 3년은 목욕탕에서 일하며 사람의 벗은 모습을 관찰했고, 마지막 3년간은 화장터의 인부로 일하면서 죽은 사람의 골격과 상을 연구했습니다.

이렇게 9년간의 수업을 마친 후에 관상가로 세상에 알려지게 되었습니다. 남보쿠는 상을 볼 때, 좀 의심쩍으면 옷을 벗기고, 체상(體相)과 골격까지도 감정하여 백발백중 틀리지 않았다고 합니다. 또 사람이 오면 일부러 거친 음식을 대접하여, 어떤 식으로 대응하는지 관찰하여 운명을 판단하기도 했습니다.

그는 관상뿐 아니라 선(仙)이나 호흡법에도 따를 사람이 없었다고 합니다. 새끼손가락을 불로 태우거나, 양팔뚝에 큰 뜸을 하는 것과 같은 힘겨운 수행을 하고, 50일이 넘는 단식과 냉수욕도 병행했다 하니, 도(道)의 한길을 향한 집념이 무섭기까지 합니다.

남보쿠의 용모는 괴이하여, 명성을 듣고 찾아오는 사람들도 실제로 그를 만나보고는 진짜인지 의심하였고, 지방에 출장을 가도 가짜라고 봉변을 당하는 일이 적지 않았습니다. 그래서 자신의 용모를 묘사하는 아래와 같은 글을 각지에 내려 보냈다고 합니다.

키는 작고 얼굴은 좀스럽다.

입은 작고 눈은 험하게 들어갔다.

이마는 좁고 눈썹은 거의 없다.

코는 낮고 광대뼈는 높게 나와 있다.

치아는 짧고 발도 작다.

새끼손가락은 불에 탔으며 양팔뚝에 뜸자리가 있다.

　남보쿠는 노년에 거대한 저택에 큰 창고만 7동이 되었으나, 보리 1홉반, 술 1홉, 반찬은 1탕 1채의 간소한 식사를 하였고, 쌀은 물론 쌀로 만든 떡도 먹지 않았다고 합니다.

　일본 조정에서 대일본(大日本), 일본중조(日本中祖)라는 파격적인 칭호까지 받은 미즈노 남보쿠는 1757년에 태어나 75세까지 살았습니다.

　저서로 남북상법전후편(南北相法前後偏), 상법화해(相法和解), 신상전편이해(神相全篇理解), 연산상법정이해(燕山相法精理解), 상법대역변론(相法對易辯論), 비전화(秘傳華), 상법극의수신록(相法極意修身錄), 개귀현론(皆歸玄論) 등이 있습니다.

시작하는 글

모든 성공은 스스로 인생을 절제함으로써 완성됩니다. 작은 성취에 들떠 한눈을 파는 사람에게 성공은 달콤한 맛만 보여준 채 떠나갑니다. 지위고하를 막론하고 무절제한 사람에게 성공은 뜬구름일 뿐입니다.

나는 원래 밑바닥 인생을 살았습니다. 어떻게 보면 짐승보다도 못한 삶이었고, 스무 살을 못 넘기고 죽을 운명까지 타고났습니다. 절제로써 간신히 운명을 가르치게 되었고, 부끄럽게도 많은 제자까지 거느렸습니다.

배웠다고 하는 사람들은 내 말을 비웃을지 모르지만, 절대로 그 뜻을 소홀히 여기는 일은 없었으면 합니다. 이 책을 소홀히 여기면 삶이라는 큰 길에 궁극적인 성공은 끝내 다가오지 않습니다.

크게 성공한 사람들은 다 아는 내용으로 아직 성공하지 못했거나, 꿈이 남아있는 사람들에게 인생과 성공의 이치를 전하기

위해 책을 만들었습니다. 내가 부족한 점이 많아서 간혹 잘못
된 논리도 있겠지만, 부분적인 것에 너무 집중하지 말고 세 번
읽고 책을 평가해 주었으면 합니다.

미즈노 남보쿠 배상

이기기를 다루는 자마다 모든 일에 절제하나니...

-고린도전서 9:25

혼신을 다해 한길을 가라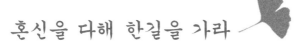

재주가 많아 다른 사람의 부러움을 받고 있으나, 아직 성공한 일은 하나도 없습니다. 저에게 가장 어울리는 직업을 알려 주시겠습니까?

왜 진정으로 성공하지 못하는 줄 아시오?

왜 마음 한구석이 허전한 줄 아시오?

언제나 작은 성공에 술과 고기를 즐기고, 스스로 조그만 성취에 취하여 놀 줄은 알아도, 진정으로 혼신을 다해 일할 마음은 없기 때문이오.

그러니 항상 시작은 좋은 것 같아도 모든 일이 지지부진하여 끝내는 성공을 보지 못하는 것이오. 참을성이 없으니 작은 실패에도 또 다른 직업을 찾아다니다가, 결국엔 아무 것도 이룬 것 없이 세상을 마치는 것이라오.

사람으로 태어나서 자신의 한길을 이루지 못했다면 백 년을 산다한들 무슨 소용이 있소. 살아도 그 의미가 없으니 말이오.

이런 사람은 주위에도 덕을 쌓지 못해, 죽어도 가까운 사람 몇몇만이 저승으로 가는 길을 쓸쓸히 지킨다오. 사람은 이렇게 살아서는 안 되는 것이오.

어떤 일이든 처음부터 자기 뜻대로 되는 것은 없소. 기술이나 직업도 마찬가지요. 짧게는 몇 년에서 길게는 몇십 년까지 심혈을 기울이면 아무리 바보라도 그 일에 대해서는 모르는 것이 없어진다오. 그때야 비로소 성공의 문이 열리는 것이오.

당신은 지금까지 혼신을 다해 일한 적이 없소. 당신과 같이 이리저리 마음의 가닥을 잡지 못하고 직업을 바꾸는 사람은 마치 광주리에 갇혀 나오지 못하는 미련한 개구리와 같소.

대나무 광주리는 안에서 보면 사방팔방 구멍이 다 뚫려있으니, 미련한 개구리는 자기가 그 많은 구멍으로 다 도망갈 수 있을 것처럼 생각한다오. 그래서 이 구멍으로 나가려다 안 되면 저 구멍으로 나가려 하고, 또 힘들면 다른 구멍을 찾는 것이오.

당신은 미련한 개구리같이 무수한 성공의 길들 중에서 헤매는 것이오. 그렇게 이 구멍 저 구멍 들쑤시기만 하다가 결국엔 제풀에 죽어 광주리에 그냥 갇히게 되는 것이오. 그런 식으로는 절대 성공할 수 없소. 그렇게 살다간 결국 고생만 하다 인생을 마치게 될 것이오. 광주리의 구멍이 다 똑같은 것 같지만, 그래도 구멍 중에는 조금이나마 큰 구멍이 있게 마련이오. 현명한 개구리는 그 구멍으로 필사적으로 탈출을 시도한다오. 개구리가 빠져나가기엔 엄청나게 작은 구멍이지만, 그 길밖에 살 길이 없는 줄 알기 때문에 그 구멍만을 뚫는 것이오. 몸에 상처가 좀 생겨도, 머리에 피가 흘러도 한 구멍만을 판 개구리는 빠져나올 수 있소.

사람이 혼신을 다해 한길로 가고자하면 태산이라도 뚫을 수 있는 것이라오. 한길을 추구하다보면 성공하지 못할 일이 없소. 다 쓸데없이 시간을 낭비하고 스스로 노력하지 않기 때문에 성공하지 못한단 말이오.

수백만의 군사가 사방을 포위한다 해도 필사적으로 한 곳만을 뚫으면 살아서 훗날을 기약할 수 있는 것이오. 사방팔방의 적들과 다 싸우는 사람에게 남는 것은 처참한 죽음뿐이라는 것을 명심하시오.

당신이 쓸쓸한 인생을 살고 싶지 않다면 한 가지를 끝까지 이룬 후에 다른 것을 시작하시오.

가난과 실패의 기도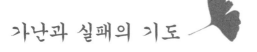

귀한 새를 키우는 것을 취미로 하고 있습니다. 틈틈이 세상에 귀하다는 새는 다 구경하러 다닙니다.
아직 성공했다고 할 수는 없지만 그래도 지금까지는 탄탄대로를 달려왔습니다. 그런데 꼭 큰 성공의 문턱에서 일이 자꾸 어긋납니다. 왜 성공의 문턱에서 자꾸만 주저앉는 걸까요?

아직 성공을 이루지 못했다고 했지요? 그런데 어째서 당신은 이미 성공한 사람처럼 살고 있소! 그러면서 성공이 오지 않는다고 안타까워하다니 부끄러운 줄 아시오!
　귀한 새를 키우는 취미는 크게 성공한 사람들이나 갖는 취미요. 당신같이 아직 젊은 사람이 그런 것을 즐기면 오던 성공도 멀찌감치 도망가는 것이오. 그런 해이한 마음가짐으로는 크게 성공할 수 없단 말이오. 도대체 당신이 지금 가진 것이 무엇이 있다고 그런 취미를 즐긴단 말이오!
　혼신을 다해 스스로 선택한 길에서 큰 성공을 이룬 사람들을 보시오. 그 사람들은 성공을 이룬 후에도 당신과 같은 취미를 갖지 않소. 스스로 삼가고 노력해서 상당한 재물을 얻은 사람들일수록 아직 큰 꿈이 끝나지 않았음을 알고 묵묵히 자기 갈 길을 가고 있소!

아직 성공 근처도 가지 못했으면서 크게 성공한 사람들의 취미를 따라하는 것은 "저에게 가난과 실패를 주세요!"라며 빌고 다니는 것과 다름없소.

다 자업자득이오. 새를 즐기는 일이 비록 사소한 일이라고는 하나, 세상 모든 일이 사소한 일 하나로 막히기도 하고 뚫리기도 하는 것이오. 사소한 일 하나를 쉽게 생각하지 않는 것이 성공의 길이오.

실패는 다 자신의 꿈과 직업에 전념하지 않고 사소한 재미를 추구하기 때문에 오는 것이오. 지금 즐거우면 나중에 궁하게 되고, 당장의 즐거움을 포기하면 장래에 큰 즐거움이 오는 것이오. 이것이 세상 돌아가는 이치요.

큰 뜻을 이루기 전에는 시련이 온다

지금까지 성공하기 위해 절제하며 살았습니다.

그러나 요즘 와서 운이 점점 나빠져서 아주 가난하게 되었습니다. 운명이라는 것이 성공과 실패가 정해져 있어, 운이 좋은 사람은 절제하지 않아도 되고, 운이 나쁜 사람은 절제해도 실패하는 것입니까?

당신은 절제함으로써 더욱 큰 꿈을 이룰 것이오. 큰 뜻을 이루기 전에는 하늘로부터 시련이 내릴 수도 있소. 하늘이 시련을 내리는 이유는 당신이 이루고자 하는 큰 뜻을 더욱 단단하게 하려 함이오.

대인(大人)은 어떤 시련에도 아랑곳하지 않고, 한길로 정진하고 정진하여 결국엔 천하에 이름을 떨치는 것이오. 하지만 소인(小人)은 작은 시련에도 운명을 탓하며 하늘을 원망하다가 더욱더 곤궁함에 빠지게 되는 것이오.

절제를 엄중히 지키면서 때를 기다려야 할 것이오. 운(運)이라는 글자는 세상이 돌고 있음을 알려주고 있소. 언젠가는 자신에게 때가 온다는 것이오. 성공의 운명을 가진 사람은 때를 기다림에 있어 절제를 최우선으로 해야 하오. 성공과 실패는 다 스스로 하는 바에 따라 생기는 것이오.

작은 실패에 마음을 뺏겨 정신 상태가 해이해지면 성공의 때가 와도 알아차리지 못하고 허송세월을 보내게 되오. 큰 뜻을 이루기 위해 절제하는 사람에게 어려움은 일시적인 일이오. 즐거움이 지나치면 괴로움이, 괴로움이 끝나면 즐거움이 오는 것이 하늘의 이치라오.

진정을 다하는 노력이 하늘에 닿으면 다시 자신에게 돌아온다는 사실을 잊지 말길 바라오.

잡기는 즐겁게 노는 도구일 뿐이다

저는 잡기에 능해 내기를 하면 지는 법이 없습니다.
재산도 어느 정도 모았지만, 아직 사람들의 인정을 받지 못
하고 있습니다. 어떻게 해야 합니까?

상(相)만 본다면 당신은 그야말로 최상이오. 하지만 당신은 너
무 여러 재주를 가지고 있소. 능력이 좋다보니 못하는 것이 없
구려. 그러나 아무리 관상이 좋아도 잡기나 노름을 좋아하면 입
신출세의 길이 막히게 되어 있소. 물론 잡기를 직업으로 가진
사람은 다르지만, 당신처럼 큰 뜻을 이루고자 하는 사람이 잡기
나 노름 등과 같은 놀이에 빠지는 것은 운명을 바꾸는 것이오.
  잡기를 너무 좋아하는 사람은 일이 잘되다가도 꼬이는 일이
많소. 무릇 잡기는 즐겁게 노는 도구일 뿐이오. 진정으로 큰 뜻
을 품고 성공을 바란다면 딴 생각 없이 오로지 한길만을 생각
하고 나아갈 때, 그 기운이 하늘에 통하여 때를 만나게 되는 것
이오.

잠깐이라도 가슴에 품은 큰 뜻을 내려놓고 즐기면, 소원하던 성취의 기운이 방향을 잃게 된다오.

가업(家業)이 번창하고 있을 때라도 한순간의 번창에 만족하여 큰 뜻을 내려놓는다면 더 이상의 발전은 없소. 놀이나 유희는 나를 잊고 즐기는 것이기에 성공의 기운을 잃기 쉽소. 큰 꿈을 가슴에 품은 사람은 그래서 조심하고 삼가라는 것이오.

이미 부자가 되고, 어느 정도 성취를 이뤘다 하더라도 매일매일 가업에 부지런히 종사하고, 가업이 내일 어떤 방향으로 나아갈 지 궁리하시오. 항상 새벽에 일어나서 떠오르는 태양을 맞이해야 하며, 부하가 있는 사람은 항상 아랫사람보다 먼저 일어나야 하오.

노력이 성공이다

저는 마음 속에 항상 성공을 그리고 있지만, 아직 크게 이룬 일이 없습니다. 어떻게 하면 성공할 수 있습니까?

언제나 성공하려는 마음만 있고 그 행동이 따르지 않으니, 지금 대로라면 평생 성공할 수 없소. 성공 여부는 자신이 얼마만큼 스스로를 다스리느냐에 달려 있소.

항상 모든 일에 겸손하지 않으니, 성공이 따르지 않는 것이오. 겸손하지 않은 사람에게는 진정한 성공이 올 수 없소. 만약 그런 마음가짐으로 입신출세를 했더라도 일시적인 성공이므로 오래가지 못하오. 모든 사람에게 겸손하고 자신에게는 엄격한 규율을 만들어 노력하면 성공의 길이 열릴 것이오.

열 명의 노력을 하는 사람에겐 열 명만큼의 성공이 따를 것이고, 열 명보다 더 많은 노력을 하는 사람에겐 그에 맞는 성공이 돌아간다오.

만인보다 더한 노력을 하는 사람은 어떻게 되겠소? 만인을 뛰어넘는 출세를 하는 것이오. 많은 사람이 하기 어려운 것을 실행하는 사람은 반드시 뛰어난 일을 하게 되니, 노력이 곧 성공이오.

돈은 소중히 여기는 사람에게 간다

저는 돈을 많이 버는 편인데 모이질 않습니다.
제게 재물운이 없습니까?

당신은 돈을 소중하게 생각하지 않는구려. 돈을 소중하게 생각
하지 않으면 가졌던 재산마저 흩어지게 되는 것이오.

돈이라는 것은 밤낮을 가리지 않고 천하를 돌아다니면서 세
상 모든 것을 이어주는 역할을 한다오. 세상 구석구석을 돌아
다니는 돈을 내 수중에 머물게 하려면 그 많고 적음에 상관없
이 돈을 소중히 생각해야 하오.

돈을 모으고 싶다면 아주 적은 돈이라도 헛되게 사용해서는
안 되오. 돈이 나갈 때는 마음 속으로 다시 내게 돌아와서 오랫
동안 머물기를 바라야 하오.

돈을 쓰지 말라는 것이 아니라 귀하게 쓰라는 뜻이오. 돈이라
는 것은 원래 세상을 돌아다니는 것이니, 언젠가는 나에게 돌
아오게 되어 있소. 사람도 자신을 소중히 여기는 사람은 다시

만나고 싶은 법이오. 돈도 소중히 여기면 다시 돌아온다오.

  돈을 소중하게 여기면 가난할 운명이라도 부를 얻게 되는 것이오. 아무리 적은 돈이라도 돌처럼 함부로 굴리면 그 돈은 다시 돌아오지 않는 것이오. 내가 보아온 가난한 사람들은 모두 적은 돈을 소중히 여기지 않는 사람들이었소.

  재물이 오래가는 사람은 다 재물을 아끼고 소중하게 생각하기 때문이라오. 세상 만물이 소중히 아끼는 사람에게 흘러가듯 돈도 마찬가지라오.

줄어야 다시 찬다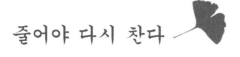

저는 젊을 때 크게 부자가 되었습니다. 그런데 지난 몇 년 전
부터 해마다 큰 손실을 입고 있습니다. 특히, 올해 들어서는
되는 일이 하나도 없습니다.
어떻게 해야 이 상황을 극복할 수 있습니까?

당신은 젊을 때 이미 복을 다 받았소. 하늘로부터 받은 복이 더
이상 채울 곳 없이 다 차버렸던 것이오. 복이란 가득 차면 줄어
드는 것이 이치요. 비워야 채울 수 있는 것이라오. 스스로 줄이
지 않으면 하늘이 자연스럽게 복을 줄이게 되어 있소.
　빨리 줄어들어야 다시 채울 수 있소. 손실에 대해 의연하게
대처하는 것이 좋소.
　당신의 관상을 보니 가난할 운명인데 열심히 일해서 하늘의
복을 만들었구려. 뿌리를 잊은 잎사귀가 성할 수 없는 것처럼,
당신이 본래 가난할 때의 마음을 잊고 교만하고 호화로운 생활
을 했기 때문에 어려움이 생겼던 것이오.

자수성가하고도 초심을 잃지 않았다면 더욱더 큰 복을 불러
들였을 것인데 안타까운 일이오.

　가세가 기울어진 것은 당신 스스로 불러들인 것이오. 괜히 아
랫사람 탓하지 말고, 오직 만물을 낭비하지 않고 엄중히 절제하
시오. 지금이라도 초심으로 돌아가 열심히 일한다면 다시 번성
할 수 있을 것이오.

초심자는 열심히 배워라

새로운 일을 시작했습니다.
이 직업에서 크게 성공하는 길을 알려주십시오.

항상 선배나 윗사람을 공경으로 대하고 겸손해야 합니다. 선배의 덕을 중히 여기는 것이 정도(正道)입니다. 새로 시작한 사람은 열심히 배우는 것이 본분입니다. 본분을 잊지 않는 것이 출발점입니다. 본분을 아는 사람이 교활하거나 불성실할 수 없습니다.

　배우는 사람이 약삭빠르고 술과 음욕을 즐기면 성장가도에 있다가도 나락으로 떨어집니다. 성공하길 바란다면 선택한 직업에 전념하고 생활을 엄중히 절제해야 합니다. 쾌락을 성공과 바꿀 때 크게 성공할 수 있습니다.

나누면 돌아온다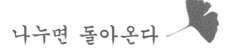

평생 열심히 일했습니다만, 겨우 먹고 살만큼 재물을 모았습니다. 더 모을 수 있는 방법이 없을까요?

누구나 어느 정도 자기가 가야 할 길을 가지고 태어납니다. 태어날 때 그릇 크기가 조금씩 다른 법이지요. 이 그릇이 작게 태어난 사람들은 열심히 일해서 재물을 모아도 많이 모이지 않습니다. 이 사람들이 재물을 많이 모으는 유일한 방법은 절제를 지키고 자신이 얻은 이익을 다른 사람에게 나누는 일입니다. 절제를 지키고 자기가 얻은 이익과 지혜를 사람들에게 나누다보면 이것들이 천지에 가득 차게 됩니다.

　가득 찬 것은 반드시 자신에게 돌아옵니다. 점차 자신의 성공 그릇을 늘리게 되는 것이지요. 이렇게 나눈 복이 다시 돌아와서 유복하게 되는 것이 세상의 이치입니다.

부는 가난이 모여서 된다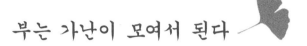

저는 젊을 때 열심히 노력하여 큰 재물을 얻었습니다.
어떻게 하면 이것을 지키고 키워나갈 수 있겠습니까?

부자가 가난함을 알면 재물의 시작과 끝을 다 아는 사람이므로
망하는 일이 없습니다. 이렇게 복을 불러들인 사람은 아랫사람
에게 인자하고 윗사람에게 공손합니다. 절대로 교만하지 않기
때문에 가세가 기우는 일은 없습니다.

　부귀는 사방의 가난이 모여서 생기는 것입니다. 가난한 사람
이 많고 부귀한 사람이 적은 이치가 바로 이것입니다. 가난이
부귀의 근본이니, 성공하고자 하는 사람은 가난함이 그 근본임
을 명심하며 살아야 합니다.

　부귀뿐 아니라 세상 모든 것이 미천함을 근본으로 합니다. 임
금도 자신보다 미천한 신하가 임금으로 깍듯이 모실 때 올곧은
임금이 되며, 가난한 백성이 자신의 근본임을 잊지 않는 임금에
게 환란은 없습니다. 미천했을 때를 잊지 않고 아랫사람을 대

하면 자연스럽게 부귀는 늘어납니다. 아랫사람을 자식같이 생각하면, 아랫사람 또한 최선을 다하는 것이 세상의 이치입니다. 아랫사람이 힘들 때는 여동생을 대하듯 위로하고, 병이 들었을 때는 자식같이 품어 보살피고, 항상 위아래 구별 없이 사랑을 실천해야 합니다.

자신은 절제를 위해서 술을 금하고 있다 해도, 아랫사람들까지 똑같은 절제를 시켜서는 안 됩니다. 절제는 오직 자신만이 할 수 있다는 것을 명심해야 합니다.

혹시 아랫사람에게 음식을 베풀더라도 자신은 세 끼 식사 외에는 먹지 않는 절제의 생활을 하면 지금보다도 더 크게 가운(家運)을 일으키게 될 것입니다.

검소와 인색은 다르다

저는 평소 검소하게 사는 것을 삶의 원칙으로 삼고 살아왔습니다. 그런데 세상 사람들은 저보고 인색하다고 놀리며, 시간이 갈수록 아랫사람들도 다스리기 힘들어집니다.
검소한 생활을 그만두어야 합니까?

당신의 검소함은 인색을 그 근본으로 하기 때문에 흉한 것이오.
진정한 검약은 처음부터 끝까지 스스로 낭비하지 않는 것을 말하는 것이지, 다른 사람을 괴롭히라는 뜻이 아니오.

　소인(小人)들은 검소하게 산다는 핑계로 아랫사람들의 몫까지 아끼고, 또 세상 인정상 내야 할 금전조차 내지 않으며, 남을 도와주는 일에는 일전 한 푼도 쓰지 않소. 이것을 어찌 검소한 삶이라고 할 수 있소?

　이런 행동은 욕심과 인색에서 나오는 것이니, 운명을 흉한 길로 이끄는 것이 당연하오.

　윗사람이 이런 인색함을 가지면 아랫사람은 윗사람이 없을 때는 일을 하지 않으며, 심한 경우에는 윗사람의 금전에까지 손을 댄다오. 뿐만 아니라 앞에서는 굽실거리지만, 다른 사람들에게는 윗사람을 극악무도한 인간이라고 험담하는 것이 예사요.

이것이 다 검약과 인색을 구분하지 못해 생기는 일이니, 당신은 앞으로 검약하지 않는 것이 나을 듯싶소. 앞으로는 아랫사람에게 인색함을 강요하지 말고, 오로지 스스로 만물을 낭비하지 않는 것을 근본으로, 자신과 주위를 다스려야 하오.

더 큰 사업을 하기 위해서라도 이런 천지만물의 이치를 깨닫고 스스로 모범을 보여 절제를 지키시오. 그래야만 위아래 구분 없이 서로 참다운 검약을 지켜, 큰 뜻을 이룰 수 있소. 이와 같이 절제와 겸손을 지켜간다면 많은 사람들이 당신을 현인(賢人)으로 우러러보게 될 것이오.

부하를 그림자처럼 아껴라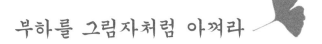

요즘 아랫사람들이 저지른 실수 때문에 곤란을 당하고 있습니다. 일이 잘되다가도 꼭 부하들 때문에 일이 어긋납니다. 어떤 사람을 거느려야 이런 곤란을 당하지 않습니까?

당신 같은 사람은 어떤 사람을 부하로 뽑아도 똑같은 일이 반복될 것이오. 당신처럼 성실하지 못한 사람은 자신의 쾌락 때문에 밤새워 아랫사람을 못 자게 괴롭히며, 자신은 늦잠을 자면서 아랫사람은 새벽에 일어나게 하는 짓을 계속하지 않소!

또한 자신은 맛있는 음식을 즐기면서 아랫사람에게는 검소함을 강조하니, 어찌 상하관계가 상극으로 치닫지 않는단 말이오!

상하의 기운이 화합하지 못하면 아무리 크게 가업을 일으켰다 하더라도 쇠락을 면치 못하오. 가업에 있어 주인은 몸체이고, 부하는 그림자인 것이오. 몸과 그림자가 어찌 다를 수 있겠소. 차별을 두지 말고 몸과 그림자가 같이 즐겨야 주인다운 주인인 것이오.

평소에 몸과 그림자가 일치하면, 곤궁한 때를 만나더라도 그림자인 부하가 먼저 괴로움을 자청하고 나서는 것이오. 이런 근본 이치를 모르는 윗사람 밑에는 항상 그 아랫사람도 똑같으며, 어질지 못한 주인 밑의 부하 또한 어질지 못하오.

주인답지 못한 주인 밑에 부하답지 못한 부하가 있는 것이 어찌 내 생각이겠소. 이것이 가장 기본적인 이치의 시작과 끝인 것이오.

주인이 하기에 따라 부하의 길흉도 다 정해지는 것이오. 모든 것이 다 당신에 달린 것이니, 빨리 돌아가서 조심하고 또 조심하시오.

일찍 일어나야 성공 운명이 된다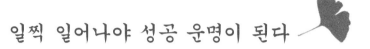

아침에 일찍 일어나면 성공할 운명으로 바뀐다고 하셨는데, 이유는 무엇입니까?

운(運)이라는 것은 기(氣)에 따라 움직입니다. 그래서 운명(運命)을 운기(運氣)라고 부르기도 합니다. 세상 천지의 기 흐름이 좋으면 세상이 건전해지는 것이고, 내 몸의 기 흐름이 좋으면 운명이 반듯해집니다.

해가 뜬 이후에 일어나는 사람은 아무리 관상이 좋아도 운명이 온전하게 돌아가지 못합니다. 해가 솟아오를 때의 기운은 성공의 기운이며, 그 기운을 받지 못하면 온몸의 기가 제대로 돌지 못합니다. 그래서 아침에 늦게 일어나는 사람들은 건강이 좋지 못한 것입니다.

아침에 태양의 기운을 받지 못하면 하늘로부터 받고 태어난 원기(元氣)가 약해지고, 마음도 옳지 못한 곳에 머물게 됩니다. 아침에 일찍 일어나는 사람과 늦게 일어나는 사람의 정신상태

또한 같을 수 없습니다. 몸과 마음이 다 온전치 못하니 성공의 근처도 갈 수 없습니다.

늦잠을 즐기면 평생의 반은 누워서 보내고, 나머지 반은 이것저것 먹는 것을 찾아다니느라 소비하는 것과 다름없습니다. 그런 일에 시간을 다 보내고 얼마 남지 않은 시간동안 죽자 살자 일해 봤자 무엇을 이뤄낼 수 있겠습니까?

아침에 늦게 일어나는 사람 중에는 밤에 무엇인가를 하는 사람이 많은데, 이것이 다 쓸데없이 밤을 새우는 것입니다. 밤은 음의 시간이라 자야하는데 깨어있고, 태양이 뜬 양의 시간에는 자고 있으니 음양을 도적질하는 셈입니다.

해가 벌써 중천인데 오밤중처럼 잠만 자고, 남들이 다 일어나서 일을 할 때야 일어나서 일을 하려니, 손에 잡히는 일이 없는 것이 당연합니다. 이런 사람은 그럭저럭 아침시간을 때우고 점심밥을 먹고서야 일을 시작하니, 운이 좋아질래야 좋아질 수 없습니다.

자연의 이치에 어긋나는 생활을 하면 자연은 응당한 대가를 돌려주는 법입니다. 아침에 일어나서 태양의 기운을 받고 열심히 일하는 것이 운명을 개척하는 길입니다. 성공할 운명을 갖고 태어났더라도 아침에 일찍 일어나야 합니다. 이것은 귀천을 막론하고 실행해야 합니다. 늦잠을 삼가고 일찍 일어나 직업에 전념하는 것이 곧 성공의 길입니다.

아침에 늦게 일어나면 가난해진다고 하시는데, 저는 기술자라서 밤늦게까지 일할 때가 많습니다. 어쩔 수없이 밤늦게까지 일하는 것도 안 좋은가요?

밤에 일하려면 불을 켜고 일해야 합니다. 일찍 자고 새벽에 일어나 밤과 같이 불을 밝히고 일을 하세요. 밤에 일할 수밖에 없다는 것은 일찍 자고 일찍 일어나지 못하는 것에 대한 핑계일 뿐입니다. 자연의 이치에 맞지 않게 일을 하면 병에 걸립니다.
　부귀장수를 누리고 싶다면 밤늦게까지 일하는 것을 당장 멈추어야 합니다. 아침에 일찍 일어나면 모든 것이 조용하기 때문에 마음이 상쾌해지고, 좋은 생각만 떠오릅니다. 밤에는 나쁜 생각이 쉽게 떠오르고, 아침에는 좋은 생각이 나는 것은 그냥 그런 것이 아니라 기(氣)의 흐름이 그렇기 때문입니다. 늦잠은 빈궁단명(貧窮短命)의 원인입니다.

삼가고 삼가는 것이 성공의 길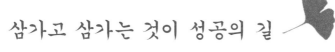

저는 상인입니다.

여기저기서 관상을 보면 꼭 성공할 운명이라고 합니다. 그런데 아직 재물 모은 것도 변변치 않고, 매년 큰 고생에서 벗어나지도 못하고 있습니다.

고관대작 중에 모르는 사람이 없고 귀한 사람들과도 많이 사귀는데, 아직 저에게 성공의 때가 오지 않았습니까?

성공할 운명을 갖고 태어났더라도 고위층과 가깝게 지내면 성공할 수 없소. 아직 성공의 길에 들어서지 못했는데 지위가 높은 사람들과 사귀면, 스스로 마음만 교만해져 운명을 바꾸게 된다오. 삼가고 삼가는 것이 성공의 길이오.

누구나 고위층과 사귀면 실제로는 재물이 없으면서도 있는 척 하게 되고, 배운 것이 없어도 배운 척 하게 되며, 덕이 없으면서도 큰 덕을 쌓은 것처럼 행세하게 마련이오.

사귀는 사람이 자신보다 너무 높으면 앞으로 더 나아갈 수 없는 것이 세상의 이치라오. 마음이 이미 높은 곳에 올라가 버렸으니, 무의식중에 더 이상 올라갈 노력을 하지 않는 것이오. 결국 하늘이 준 덕이 높아도 이렇게 스스로 깨버리니 성공할 수 없는 것이라오.

당신이 고위층과 사귀는 것을 아는 사람들이 지금은 당신을 존중할 것이오. 당신의 기세가 당당하니까 이를 두려워해서 존중하는 척 하는 것이오. 어찌 이것이 참된 성공의 길이겠소! 모든 인연이 만나면 헤어지는 것처럼 고위층과의 교제도 언젠가는 끝날 것이고, 그때 가서는 무엇을 가지고 그 위세를 유지할 것이오?

진정으로 성공을 바란다면 당장 고위층과 사귀는 것을 그만두시오. 대신 지성으로 동료를 위하고 아랫사람을 사랑으로 보살피는 것에 온 힘을 기울이시오. 절대 아랫사람에게 교만해서는 안 되오. 이와 같이 지금까지와 다른 삶을 살면 당신은 운명대로 크게 성공할 것이오.

하지만 선생님!
옛말에 사람은 그 사귀는 사람을 보면 알 수 있다고 했습니다.

이 말이 맞다면 고위층과 사귀어서 성공 못할 이유가 없지 않습니까?

마음이란 흐르는 물을 그릇에 담는 것과 같소. 좋은 사람과 사귀면 마음이 저절로 좋아지는 것처럼 고위층과 사귀면 마음이 저절로 고위층과 같아지게 된다는 말이오. 다시 말하면, 그릇은 작은데 물이 넘치니 자연히 교만한 마음이 생기게 되는 것이라오.

　당신과 같은 사람이 고위층과 계속 사귀면 당신의 마음이 당신의 현실을 감당하지 못하오. 세상이 아주 어지러울 때는 고위층과 사귀는 것이 일시적으로 성공의 길처럼 보일 때도 있소. 그러나 이것도 잠시뿐, 자신의 분수를 모르고 자꾸 윗사람을 통해 무엇인가를 이루려 하게 된다오. 사람을 잘못 사귀면 운명을 크게 해친다오.

자연은 생명공동체

저는 젊을 때 열심히 일하여 조그만 성공을 이루었습니다. 그런데 얼마 전 정원에 연못을 판 이후부터 집안에 좋지 않은 일이 끊이질 않습니다. 이유가 무엇입니까?

마당 넓은 집에 사는 것을 나쁘다고 할 수는 없지만, 그곳에 연못을 파거나 언덕을 만들면 운이 크게 나빠집니다. 아직 성공의 문턱에 있으면서 연못을 파고 정원을 화려하게 꾸미면 앞으로 당신의 앞길에 연못과 언덕이 놓이게 됩니다.

설사 큰 부잣집이라 하더라도 정원에 연못이나 언덕을 만들어서 가운이 더 번성해지는 것을 보지 못했습니다. 조상의 덕이 커서 더 이상 가운이 쇠락하지는 않더라도 번성할 수는 없습니다. 이런 집은 재물은 많아도 식구들이 질병으로 고생을 합니다.

당장 정원을 원상태로 돌려놓으세요. 정 없애지 않으려거든 검소하게 바꾸고, 절제하여 다른 사람에게 덕을 베풀어야 합니다. 땅은 만물의 어머니로서 씨를 뿌리면 모두 자라게 하니, 정원이 넓고 좋으면 푸른 식물을 재배하세요. 이것이 천지에 덕을 쌓는 일입니다.

혹시 집에 찾아오는 사람들 때문에 할 수 없이 정원을 꾸며야 한다면 예외가 될 수 있으나, 자신이 즐기기 위해서 정원을 화려하게 꾸미면 안 됩니다.

천지자연은 서로 느끼고 호흡하며 살아가는 공동체인데, 자신의 즐거움을 위해 자연을 훼손하면서 어찌 잘 되길 바란단 말입니까? 그 고통이 언젠가는 자신에게 돌아온다는 것을 한시도 잊으면 안 됩니다.

만물을 아끼면 만물이 돕는다

아껴 쓰는 것과 운명은 어떤 관계가 있습니까?

임금을 도와주는 것이 백성입니다. 백성이 없으면 임금이 있을
수 없으며, 임금을 섬길 사람도 없습니다. 그래서 임금의 크기
는 백성이 결정하는 것입니다.

백성을 자식같이 사랑하는 것이 임금의 도리입니다. 자신에게
속한 물건은 자신의 백성이라고 할 수 있습니다. 비록 걸인이라
할지라도 밥그릇이나 누더기가 자신의 백성입니다. 그러므로 백
성을 거느리지 않는 사람은 아무도 없습니다.

함부로 만물을 다루는 것은 백성을 무시하는 임금과 같습니
다. 백성을 무시하는 임금이 백성에게 버림받듯, 만물을 함부로
다루면 만물에게 버림받습니다.

사람을 제자리에 있게 하고 그 뜻을 펼 수 있게 하는 것이 세
상 만물입니다. 하찮은 물건이라도 더러우면 깨끗이 하고, 정갈
하고 검소하게 다뤄야만 합니다. 이렇게 해야만 백성을 어루만

지는 임금의 덕이 커지듯 자신의 덕이 올라가는 것입니다.

만물을 아끼는 것에는 저마다 세상의 이치가 녹아있습니다. 물은 나무를 자라게 하고 만물을 기르는 근본입니다. 물이 부족하면 만물을 만들거나 기르기 어렵습니다. 이런 이치로 물을 낭비하는 사람은 점차 가난해지며 자식도 쉽게 생기지 않습니다.

종이는 물과 나무로 만듭니다. 종이를 만들기 위해서는 물이 많이 필요합니다. 종이를 낭비하는 것은 나무의 생명과 물을 동시에 낭비하는 일이니 천지의 덕을 크게 훼손합니다. 종이를 낭비하는 사람 또한 만사가 뜻대로 되지 않습니다. 종이를 많이 쓰더라도 한 번 쓰고 버리지 말고 모두 재생하여 쓰는 것이 도리입니다.

등불의 밝음을 좋아하여 헛되이 기름을 낭비하는 사람들 중에도 장수하는 사람은 없습니다. 쓸데없이 불을 낭비하는 사람은 평생 입신출세하기 어렵고 뜻대로 되는 일도 별로 없습니다. 태양이 하루라도 없으면 세상 모든 생명이 위태롭습니다. 인간에게 있어 불은 작은 태양과 같으니 태양같이 소중히 해야 합니다.

우리가 사용하는 여러 도구도 소중히 다뤄야 합니다. 아무리 겉으로 성실한 사람이라도 도구나 기구를 함부로 다루는 사람치고 참으로 성실한 사람은 없습니다. 도구가 새 것일 때는 소중하게 사용하다가 낡아짐에 따라 아무렇게나 다루는 사람은 마음가짐이 비뚤어진 사람입니다.

도구를 사용할 때는 항상 아랫사람을 대하는 것과 같아야 합니다. 일하는 사람이 젊었을 때는 귀하게 부려먹다가 늙으면 매정하게 버리는 사람을 어찌 참된 사람이라고 하겠습니까?

세상 만물은 다 돌고 돕니다. 쓰는 도구가 흙으로 만든 것이라면 땅에 묻고, 나무로 만든 것이라면 불에 태워 흙으로 돌려보내야 합니다. 나무로 된 것을 더럽다고 마구 버린다면 제대로 썩을 수 없어 흙으로 돌아갈 수 없으니, 나무에게는 불행한 일이 됩니다. 나무가 더러우면 물로 깨끗이 씻어서 불태워 재로 만드는 것이 나무에게 음덕을 쌓는 일입니다.

이것이 신하의 임종을 지켜보는 임금과 같은 자세입니다. 이런 마음가짐을 가진 사람은 설사 관상이 좋지 않아도 그 정성이 하늘에 닿아 운명이 바뀝니다.

만물을 소중하게 대하지 않고 하찮게 대하면 자신 또한 만물로부터 똑같은 취급을 받습니다. 사람들은 복을 가지고 태어난다고 믿지만, 스스로 쌓은 덕이 복이 되어 돌아오는 것입니다. 미련한 사람은 스스로 덕을 해치는 것도 모르고 하늘만 원망하

고 신세한탄을 합니다. 그러면 더욱 덕이 없어져서, 끝내는 조
상이 쌓은 덕까지 잃게 됩니다.

　자신의 운명은 매일 자신이 행동하는 바에 고스란히 나타납
니다. 그렇기 때문에 매일 대하는 물, 불, 종이나 도구를 다루
는 모습만 보더라도 스스로 자신의 운명을 예측해 볼 수 있습
니다.

항상 가난한 이유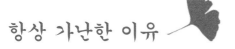

저는 어렸을 때부터 나쁜 짓을 해 본 적이 없습니다. 또 지금 까지 다른 사람을 돕는 일이라면 발 벗고 나서 왔습니다. 그런데 왜 항상 가난하며 사람들은 제가 한 일을 제대로 알 아주지 않습니까?

사람들에게는 착하게 대할지 몰라도 세상 만물을 함부로 대하 기 때문이오. 세상 만물이 아무 뜻 없이 그 자리에 있는 것 같 아 보이지만, 세상 모든 것에 귀하지 않은 것이 없소.

  아무 물건이나 함부로 낭비하고 물자가 귀한 것을 모르면 결 국은 그 화가 자신에게 돌아온다오. 지금처럼 낭비하면 앞으로 사람들에게 버림받는 것은 물론, 세상 모든 것들에게서 버림받 을 것이오.

  사람만 소중히 여긴다고 성공을 이룰 수 있는 것이 아니오. 아무리 쓸모없어 보이는 것이라도 그것을 아끼고 귀하게 여기 면, 그것의 생명을 살리는 일이니 자연스럽게 운명을 개척하게 되는 것이오.

윗사람에게나 아랫사람에게도 이와 같이 대하는 것이 제일이오. 착한 일을 한다는 것은 오직 그 사람을 귀하게 여기고 섬긴다는 것이지, 남들이 보기에 착한 일을 하는 것은 아니라오.

평생의 길흉을 어찌 한순간의 관상으로 말할 수 있겠소. 지금부터라도 사람과 만물에 대해 고귀한 섬김의 자세를 가진다면 반드시 당신도 섬김을 받을 것이오.

운명은 정성에 따른다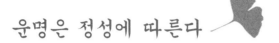

많은 관상가들이 저를 보고 복이 많은 관상이라고 했습니다.
그런데 왜 아직도 가난하고 궁핍한 생활을 하고 있습니까?

운명의 길흉은 정성에 따라 달라집니다. 마음이 성실하지 못하기 때문에 궁핍한 생활을 계속하는 것입니다. 좋은 운명을 타고났더라도 마음이 성실하지 못하면 운명은 나쁘게 바뀝니다.

운명은 살아있습니다. 만약 좋은 운명으로 태어난 사람이 무조건 행복하게 산다면 관상을 볼 이유가 없습니다. 설사 부자의 관상을 했더라도 성실하지 못하면 가난한 관상과 다름없습니다. 반대로 가난한 관상으로 태어났더라도 성실함에 따라 복을 불러들일 수 있습니다.

어떻게 마음먹고 행동하느냐에 따라 관상은 변합니다. 그렇기 때문에 제가 길흉을 말하기보다 심신(心身)을 다스리라고 충고하는 것입니다.

길흉을 중요하게 말하는 운명학자들은 아직 경험이 부족해서 그렇습니다. 왜냐하면 사람들은 좋은 일이 일어날 것이라고 말하면 그 말만 믿고 노력하지 않아 좋은 운명을 나쁘게 바꾸어 버리기 때문입니다.

심지가 굳은 사람도 좋은 운명을 타고났다고 하면 기분 좋아지는 것이 인지상정(人之常情)입니다. 관상을 물어볼 때도 길흉을 묻지 말고, "어떻게 살까?"를 묻는 것이 옳습니다.

만약 자신이 가난할 운명을 타고났다고 생각이 들면 그때부터라도 만물을 소중히 여기고 성실하게 생활해야 합니다. 이렇게 덕을 쌓고 노력하는 사람은 가난하고 병에 걸릴 운명이라도 부귀하고 건강하게 살게 됩니다.

운은 누구에게나 있다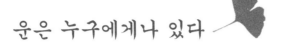

젊을 때부터 운이 없어서 고생만 하고 살았습니다.
저에겐 언제나 운이 따를까요?

당신뿐 아니라 세상의 많은 이들이 운이 없다고 하늘을 원망합
니다. 그러나 운(運)은 '있고 없음'과 '좋고 나쁨'의 경계가 없습
니다.

사람의 운이라는 것은 우리 몸의 기운에 따라 달라집니다. 태
양이 하늘을 순행하듯 몸에도 천지의 기운이 순행합니다. 이것
을 운이라고 합니다. 사람은 하늘의 뜻으로 그 신체가 생깁니
다. 그래서 운이 명(命)이 되는 것입니다.

귀천을 불문하고 사람은 다 하늘로부터 운을 받아서 삽니다.
운에 따라 명이 달라지기 때문에 천운(天運)이 다하면 명도 없
어집니다. 죽는다는 것은 기운(氣運)이 몸을 떠나는 것을 말합
니다. 그러므로 사람이 살아있는 동안에는 항상 운은 내 몸 안
에 있는 것입니다.

운은 항상 몸에 깃들어 자연의 이치와 함께 돌아가므로 마음가짐과 몸가짐이 바르면 좋은 운이 되고 그렇지 않으면 나쁘게 됩니다. 먼저 마음가짐과 몸가짐을 제대로 하면 절대로 운이 나빠 고생하는 일은 없을 것입니다.

쓸데없는 자존심은 버려라

저는 일찍 성공하여 많은 사람들의 부러움을 받아왔습니다. 어떤 일을 해도 그 능력을 인정받았으나 근래에 큰 실패를 겪은 후에 완전히 주저앉았습니다. 어떻게 해야 합니까?

지금 당신이 겪는 어려움은 다른 사람을 함부로 대하고 자신의 능력과 자존심만 내세우면서 살아왔기 때문에 겪는 것이오. 당신이 승승장구하며 부귀영화를 누릴 때 다른 사람을 두루 살피지 않은 결과란 말이오.

그뿐 아니라 당신의 오만 때문에 실패를 거듭함에도, 아직도 자신의 능력만을 내세우고 다른 사람의 말을 듣지 않으니 헤어날 길이 보이지 않는 것이오.

지금 당신은 친척 중에 누가 진정으로 도와주려해도 자존심 때문에 그 도움을 받지 않고, 또 친구가 크게 슬퍼하며 충고하면 자신을 무시하는 말로 여겨 버리지 않소!

옛날의 부귀영화를 생각하며 좋은 옷으로 갈아입고 유흥장으로 의기양양하게 뛰어드니 어찌 좋은 일이 일어나겠소? 지금 당장 바꾸지 않으면 끝내는 병까지 얻어 목숨이 위태롭게 될 것이오. 그렇지 않으면 그토록 소중히 생각하던 자존심마저 스스로 포기하고, 누더기를 입고 시중을 방황하면서 조상을 욕되게 할 것이오.

　당신이 지금 그 쓸데없는 자존심을 버리지 않으면 앞날은 너무 뻔한 일이오!

천하의 스승이 되는 법

학자로서 명성은 있지만, 아직 덕자(德者)라는 소리는 못 들었습니다. 어떻게 해야 덕자가 될 수 있습니까?

뛰어난 학자라고 모두 덕자가 될 수는 없습니다. 진정으로 덕을 갖춘 사람이 되려면 어디에 있든 모든 행동이 도리에 어긋남이 없고 만물의 이치를 전심전력으로 이해하려고 노력해야 합니다.

이치를 끊임없이 추구하는 사람은 언젠가는 세상 모든 물질이 소중한 것을 깨닫게 됩니다. 살아있는 것이든 죽은 것이든 세상만물 중 어느 것도 하찮은 것은 없습니다. 이것을 깨달은 사람은 삼가고 삼가기 때문에 자연스럽게 온 세상에 덕을 쌓게 됩니다. 덕자의 주위에는 세상 사람들이 그 덕을 흠모하여 모이고 따르기 때문에 마침내 천하의 스승으로 불리게 됩니다.

태생이 좋지 않고 원래 소인(小人)의 기질을 갖고 태어났더라도, 덕을 쌓는 일을 게을리 하지 않으면 학식이 높지 못해도 스스로 큰사람이 될 수 있습니다. 자신의 능력으로 만물의 이치를 얻을 수 있다고 생각하는 사람은 절제하지 못하여 낭비를 일삼고 술과 고기와 음욕에 빠져 지내기도 합니다. 또 교만하여 남의 의견을 듣지 않고 마음대로 행동하고, 자신의 성공이 대단한 것처럼 세상사람들을 현혹시키기도 합니다. 이런 사람은 사람관계에 있어서도 한없이 다른 사람을 무시합니다.

　자신은 비단옷을 입고 가진 척해도 세상 사람들이 그 사람을 누더기 옷을 입은 거지보다 못하게 보고, 앞에서는 아첨을 해도 뒤에서는 욕을 합니다.

　누구나 천지의 이치를 깨닫지 못하면 나중에 늙어서 비단옷을 입은 거지꼴이 됩니다. 부디 지금처럼 열심히 정진하여 큰 덕자가 되길 빕니다.

누구의 도움을 받을 것인가?

요즘 병이 끊이질 않습니다.
점점 경제사정도 어려워지는데 주위 친척들은 부자이면서도
도와주지 않습니다. 너무 야속합니다. 어떻게 해야 합니까?

사람은 남을 의지하려 할수록 약해집니다. 모든 일은 자신의
행동에 따라 길흉이 있는 것이지 다른 사람과 관련되는 것은
없습니다.

　일부러 도와달라고 하지 않아도 세상에는 나를 지켜주고 도
와주는 사람이 많습니다. 군대가 우리의 안위를 지켜주고, 농민
들은 곡식을 생산해 우리를 먹여주며, 기술자들은 내가 필요한
것을 만들어줍니다. 이렇듯 임금에서부터 보통 사람에 이르기
까지 모두 나를 도와주고 지켜주는 것입니다.

　지위고하를 막론하고 세월을 허비하고 편안함을 즐기며 만물
을 허비하는 사람은 마침내 당신처럼 오장에 병이 들어 가난하
게 됩니다. 날 때부터 병이 많고 허약한 것이 아니라 스스로 그

렇게 만든 것입니다. 남을 의지하고 야속해 하기 전에 오로지 음식을 절제하고 검소한 생활을 실천하세요. 그러면 병은 저절로 낫고 경제적으로도 좋아질 것입니다.

검소함은 자신을 빛내는 일이다

음식을 절제하면 의복이나 집은 화려해도 괜찮습니까?

음식은 몸 안을 꾸미는 재료로 그 성질은 음입니다. 음은 조용하고 화려하지 않은 성질을 갖습니다. 옷과 집은 몸 밖을 꾸미는 재료로 그 성질은 양입니다. 양은 화려하고 아름다운 성질을 갖기 때문에 아름답게 꾸미는 것 자체가 흉이 되지는 않습니다.

  그러나 분수보다 화려하면 밖을 거짓으로 꾸미게 되어 마음이 괴롭습니다. 거짓 꾸밈을 일삼는 사람은 자신의 사치를 멋이라고 자기와 남을 속이지만, 결국에는 아무도 믿지 않습니다. 사치를 자유자재로 할 수 있는 사람이 검소하면, 이는 더욱더 자신을 빛내는 일이며 많은 사람의 존경을 받게 됩니다.

가난을 다 채우면 복이 온다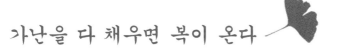

저는 어디 가서 관상을 봐도 굶어죽을 것이라고 합니다.
그런데 지금까지 잘 살진 못해도 그럭저럭 돈 걱정은 안하고
삽니다. 이유가 무엇입니까?

극도로 가난한 운명을 타고났더라도 절제하면 자연스럽게 가난
은 면합니다. 가난을 벗어난 이후에도 항상 검소하게 살면 상당
한 금전까지 모을 수 있습니다. 채우면 비워지고 비워지면 다시
채워지는 것이 자연의 이치입니다. 가난을 다 채우면 그때 가서
저절로 복이 들어옵니다. 가난을 한탄하면서 당장 복을 얻으려
하면 더욱 가난해집니다.

  항상 근신하는 마음으로 살아가는 사람에게 성공은 저절로
따라옵니다. 당신도 지금처럼 근신하고 절제하는 생활을 계속
하면 더욱 좋은 일이 생길 것입니다.

음식 말고 성공을 즐겨라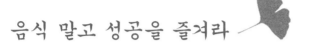

먹는 것보다 더 큰 기쁨이 있습니까?
먹고 싶은 것을 안 먹고 세상을 살아가면 무슨 낙이 있습니까?

벼슬아치는 높은 벼슬에 올라가는 것이 가장 큰 기쁨입니다. 농부는 풍작이 되어 알곡이 늘어나는 것이 큰 기쁨입니다. 기술자는 자신의 기술이 세상 누구보다 뛰어난 것이 가장 큰 즐거움입니다. 상인은 장사가 번창하여 큰 가업을 이루는 것이 기쁨입니다.

　어찌 먹는 것같이 하찮은 것을 이런 기쁨에 비할 수 있습니까? 만약 당신이 이런 것들이 즐겁고 기쁘지 않다면 음식으로 그 기쁨을 찾아도 될 것입니다.

　음식을 즐기기 전에 먼저 성공을 즐기세요. 성공한 다음에 음식을 즐겨도 늦지 않습니다. 성공하기 전부터 음식의 즐거움을 다 즐기면 늘 하늘로부터 빈천(貧賤)이라는 괴로움을 받게 됩니다.

입이나 항문이나 같은 구멍입니다. 입으로 한번 들어간 음식은 토하더라도 항문에서 나온 똥과 같이 구린내가 납니다. 과식하는 것은 밥을 그대로 변소에 버리는 것과 마찬가지입니다.

많이 먹고 싶을 때 밥을 변기에 버리는 상상을 해보세요. 만약 그런 상상을 해도 진짜 음식을 참기 힘들면 진짜 변기의 똥 위에 밥을 한번 버려보세요. 만약 당신이 사람이라면 차마 그런 짓은 못할 것입니다.

음식 절제를 못하는 것은 매일 밥을 똥 위에 던지는 것과 같으니 그 죄를 어떻게 씻으려 하십니까?

대붕이 될 것인가, 참새가 될 것인가?

선생은 맛없고 거친 식사를 해야 성공한다고 하는데 나는 대붕(大鵬-한 번에 구만리를 날고 날개가 하늘을 뒤덮는다는 전설속의 새)인데, 어찌 참새나 먹는 음식으로 생명과 성공을 보전할 수 있단 말이오!

알아 모시겠습니다. 말씀하신대로 대붕이나 참새에겐 다 분수에 맞는 식사가 있는 법입니다.

대붕은 음식을 배불리 먹지 않을 뿐 아니라 아무 것이나 먹지도 않습니다. 대붕은 냉수 외에는 먹지 않는다는 것을 모르십니까? 참새는 벌레, 나무열매, 짐승의 똥까지도 파먹습니다. 제가 보기엔 당신 같은 사람은 참새보다도 못하군요. 그나마 참새는 배부르기 전에 그만 먹기 때문입니다.

당신은 아무 것이나 마음대로 먹고, 차고 더운 것 가릴 것 없이 배가 꽉 차도록 먹으니 어찌 참새보다 낫다고 하겠습니까?

그래도 말씀하시는 것을 들어보니 말재주는 좋은 것 같습니다. 마음은 참새보다 작고 먹기는 까마귀보다도 못하면서 스스로 대붕이라고 말하는 것을 보면 말입니다.

나는 성공할 수 있을까?

어떤 사람들이 성공합니까?
스스로 그것을 알 수 있는 방법이 있습니까?

자신이 성공할 것인가를 알고 싶다면 먼저 식사를 절제하고 이를 매일 엄격히 실행해보면 됩니다. 만약 이것이 쉽다면 반드시 성공할 것이고, 그렇지 않다면 평생 성공할 수 없다고 판단하면 됩니다. 식사를 절제할 수 있는 사람은 모든 것을 절제할 수 있습니다.

  식사를 절제하는 것은 마음에 안정을 주고 몸을 보살피는 근본입니다. 그렇기 때문에 스스로 흔들리지 않습니다. 출세가 준비되지 않은 사람은 식사를 절제하려 해도 쉽지 않습니다. 안타까운 것은 이런 사람이 세상엔 너무 많다는 것입니다. 그래서 성공하는 사람이 적은 것입니다.

불규칙한 식사는 운명을 바꾼다

음식을 적게 먹으면 아무 때나 먹어도 상관없습니까?

음식을 적게 먹더라도 일정한 시간에 먹어야 합니다. 식사시간이 불규칙한 사람은 관상이 좋아도 운명이 흉한 길로 들어섭니다. 이런 사람은 일이 잘되다가도 별안간에 안 좋게 되고, 희망이 보이다가도 천길 낭떠러지로 떨어집니다.

평생 걱정이 떠날 날이 없으며 계획한 것도 제대로 되지 않습니다. 일이 완벽하게 성사되는 것처럼 보여도 나중에 하자가 생깁니다. 원래 박복하게 태어난 사람이 불규칙하게 식사하면 스스로 몸을 해치기도 합니다.

분수보다 많이 먹으면서 식사시간까지 불규칙한 사람은 논할 가치조차 없습니다.

음식은 금은보화보다 소중하다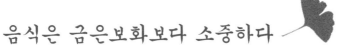

음식이 제일 귀하다고 하시는데, 금은보화보다도 음식이 귀합니까?

세상에서 가장 소중한 것이 하늘과 부모로부터 받은 생명입니다. 이 생명을 기르고 지키는 것이 음식입니다. 어찌 생명보다 더 소중한 것이 있겠습니까?

모든 사람은 하늘로부터 자신이 살아갈 대략적인 수명을 받습니다. 수명과 함께 태어나면서부터 하늘로부터 받는 것이 바로 일생동안 먹을 양식입니다. 어머니 뱃속에 있을 때부터 벌써 하늘로부터 받은 식사를 합니다. 하늘로부터 받은 양식이 떨어지면 죽습니다.

이와 같이 모든 생명은 명(命)과 식(食)을 함께 받아서 세상에 옵니다. 명이 다했더라도 식이 남아있으면 식이 다 없어져야 세상을 떠날 수 있습니다.

반대로 명이 아직 남아있더라도 먹을 양식이 떨어지면 저 세상으로 가야 하는 것이 하늘의 이치입니다. 죽을병에 걸려서 누워있는 사람들을 보면 그 일면을 볼 수 있습니다. 아파서 몇 달을 누워있던 사람도 죽을 때가 가까워질수록 "무엇을 먹고 싶다! 무엇을 갖다 달라! 꼭 먹어야 한다!"고 다른 사람들을 재촉합니다.

이것이 무엇을 뜻하는 줄 아십니까?

하늘에서 가지고 온 식을 다 먹어야 다시 하늘로 돌아갈 수 있다는 뜻입니다. 하늘로부터 가져온 음식을 다 먹어버린 사람은 먹지 못하는 병에 걸립니다. 그러니 어찌 금은보화 따위를 생명의 양식과 견줄 수 있습니까?

폭식은 패가망신의 지름길이다

소식을 하다가도 쉬는 날에는 폭식을 하게 됩니다.
평소에 소식하면 가끔 많이 먹어도 괜찮지 않나요?

배가 불러도 억지로 먹고 닥치는 대로 아무거나 마구 먹는 사람은 흐트러진 행동을 자주 보입니다. 마구 먹으면 정신도 흐려지고 만사가 쉽게 풀리지 않습니다.

폭식을 자주 하면 평생 안정되지 못하고 유랑하는 신세가 됩니다. 식사량이 일정하면 심신이 안정되고 모든 일이 순조롭게 풀리는 이치를 알아야 합니다. 아무리 재물이 많아도 폭식을 자주 하는 사람에겐 재물이 없어지는 것이 먼 일이 아닙니다.

식사량은 항상 일정한 것이 좋습니다. 음식은 모두 하늘에서 받았다는 뜻으로 천록(天祿)이라고도 합니다. 식사량이 일정하면 천록도 항상 같습니다. 재물은 천록이 변하여 생기는 것인데 폭식을 하면 천록을 줄임과 동시에 재물도 줄이는 꼴입니다. 만약 가업(家業)을 이끄는 주인이 마구 먹으면 그 집에서 일하는 사람들마저 똑같이 변해, 결국은 그 집이 망합니다.

　천록이 무한히 많을 것 같은 사람도 식사가 일정하지 않으면 일시에 천록이 없어집니다. 식사가 무절제하면 천록도 무절제해지기 때문에 장래가 어두워짐을 명심해야 합니다.

원래는 식사를 일정하게 했었는데, 요즘 들어 부쩍 폭식과 과식의 횟수가 늘었습니다. 괜찮을까요?

식사가 일정하던 사람이 난잡해지면 반드시 나쁜 일이 생깁니다. 벌써 집안 곳곳에 혼란의 징조가 보일 것입니다.

　큰일이 닥쳐서 마음이 흐트러지면 식사가 자연스럽게 난잡해집니다. 마음에 여러 번민이 있으면 식사를 하지 않거나 한꺼번에 많이 먹게 됩니다.

　이런 부류의 사람은 많은 재산을 상속받기로 되어있어도 상속받지 못하고 병에 걸리거나 스스로 그 복을 차버립니다. 지금부터라도 엄격하게 절제하세요.

주는 것이 받는 것의 기본이다

항상 소식을 하고 싶지만 초대 받아 간 자리에서 음식을 남기면 버려지지 않습니까?

손님으로 초대 받은 자리에서 많은 음식을 보고, 배가 불러도 억지로 먹는 사람이 많습니다. 참으로 안타까운 일입니다. 겉으로 버려지는 음식만 아까워하는 것은 하나는 알고 둘은 모르는 생각입니다.

음식이 소화되지 못하고 똥이 되는 것이 진정으로 버려지는 것입니다. 몸속이 쓰레기통도 아닌데 눈앞에서 버려지는 것만 아깝게 여기고 몸에 마구 집어넣으니 어찌 좋다고 하겠습니까?

이치를 아는 사람은 초대받은 자리에서도 많이 먹지 않습니다. 많은 음식을 앞에 두고도 먹지 않으면 이것이 그날의 음덕이 되어 큰 자비와 사랑으로 바뀝니다.

버려지는 음식으로도 다른 생명이 길러집니다. 겉으로는 음식을 낭비하는 것처럼 보여도 실제로는 다른 생명을 살리는 데 쓰입니다. 이것이 음덕이 되어 천지에 덕이 쌓이면 반드시 자신에게 돌아옵니다.

무릇 주는 것이 받는 것의 근본입니다. 내 생명을 아껴 다른 생명을 살리는 일만큼 크게 주는 일은 없습니다. 단 한 입이라도 배부르다고 생각되면 먹지 않는 것이 세상에 큰 선물을 안겨주는 일입니다. 아까워서 먹는 음식은 똥이 되어 자신의 덕을 저절로 없앱니다. 이렇듯 날마다 조금씩 덕을 잃기 때문에 성공하는 사람은 적고 가난한 사람은 많습니다.

좋은 운명을 만드는 소식

소식이 좋은 운명을 만드는 이유는 무엇입니까?

소중하면서도 무서운 것이 음식입니다. 음식은 생명을 기르는 근본이며 평생의 길흉이 음식에서 비롯됩니다. 음식을 항상 절제하고 조심하라는 이유가 바로 이것입니다.

누구나 각자의 분수에 맞게 일생동안 먹을 양식을 갖고 태어납니다. 분수에 맞지 않게 음식을 많이 먹으면 하늘의 규칙을 어기게 됩니다. 천리(天理)를 어기면 운명이 나쁜 길로 흘러갑니다.

언제나 소식하는 사람은 병으로 죽는 일이 거의 없습니다. 사는 동안 다른 고통도 없습니다. 하늘에서 준 수명을 다하고 죽기 때문에, 죽을 때에도 혈색과 맥이 좋은 경우가 많습니다.

귀한 위치에 있는 사람도 오래도록 좋은 자리에 머물고 싶으면 절제하며 소식해야 합니다. 이는 집안의 천록(天祿)을 늘리는 것입니다. 소식하는 사람은 살아있는 동안에는 무병장수하고 큰 공덕을 쌓으며, 죽어서는 그 공덕을 자손에게까지 넘겨줍니다.

환자에게 죽을 상(相)이 나타나도 언제나 소식했던 사람이라면 죽지 않는 경우가 많습니다. 소식하는 사람은 적게 먹기 때문에 다른 생명을 허비하는 일이 적습니다. 이것이 자신도 모르는 동안에 하늘땅에 큰 덕을 쌓았던 것입니다. 소식하던 사람은 병에 잘 걸리지도 않지만, 병에 걸려도 먹지 못하는 일은 없으며 쉽게 회복됩니다.

과식으로 병이 생기면 식사를 잘 못합니다. 장수할 운명이고 혈색이 죽지 않을 것처럼 보여도, 과식하던 사람은 죽지 않는다고 장담할 수 없습니다. 이런 사람들은 비록 수명은 남아있을지라도 천록이 다해 죽습니다. 천록이 다하고 명만 붙어있기 때문에 먹지 못하고 오래 괴로워하다 죽습니다. 과식하는 사람들의 수명은 참 정하기 힘든 것입니다.

육체노동을 하기 때문에 많이 먹어야 든든합니다.
저 같은 사람도 소식을 해야 합니까?

육체노동을 하는 사람은 밥을 많이 먹는 것이 일반적입니다. 매일 중노동을 하는 사람은 앉아서 일하는 사람보다는 많이 먹어야 합니다. 겉으로는 스스로 일하는 것 같지만, 진실은 음식이 일을 해주는 것입니다. 항상 음식에 감사해야 합니다. 노동의 많고 적음에 따라 식사량을 정하더라도, 될 수 있으면 소식을 일상화하는 것이 좋습니다.

　매일 먹는 밥은 그때그때 상황에 따라 한계가 있습니다. 각자에 맞는 식량이 있고 이것을 다 하늘이 내려다봅니다. 만약 중노동을 벗어나고 싶다면 조금 많이 먹더라도 절대 맛있는 것을 찾아 먹어서는 안 됩니다. 조식(粗食-검소한 식사)으로 소식을 이어간다면 중노동을 벗어나서 입신출세를 할 수 있습니다.

어느 정도 먹어야 적당히 소식하는 것입니까?

일반인들에게는 복팔부(腹八部)가 가장 좋습니다. 복팔부란 배에 8할 정도만 채워 먹으라는 말입니다. 어떤 사람은 한 공기만 먹어도 배가 차고, 어떤 사람은 두세 공기를 먹어야 배가 부릅니다. 두 공기를 먹어야 배가 차는 사람은 한 공기 반을 먹는 것이 복팔부입니다. 하지만 대체로 한 공기만 먹어도 배에 알맞다는 느낌이 들 정도로 양을 줄이는 것이 좋습니다.

먹고 싶다고 생각하면 비위(脾胃-한의학적으로 소화를 담당하는 장부)의 문이 저절로 열려 음식을 받아들이고, 알맞다고 느끼면 비위가 닫힙니다.

비위가 닫혔는데도 계속 음식을 꾸역꾸역 먹으면 음식이 소화되지 않아 결국 병의 원인이 됩니다. 소화되지 않은 음식은 몸 곳곳에 독소로 퍼져 몸을 상하게 합니다.

대부분의 병이 이 과정을 거치는데, 세상 사람들은 운이 없어 병에 걸렸다고 말합니다. 아무리 지식이 높고 훌륭한 사람이라도 음식을 절제하지 않으면 병에서 벗어날 수 없습니다. 운이 없어 병에 걸리는 일은 없습니다.

다른 사람을 돕는 방법

어려운 사람들을 도와주면 덕이 크게 쌓인다고 하는데, 다른 사람을 돕는 방법을 알고 싶습니다.

그런 질문을 해주니 참 반갑습니다. 남을 도와주는 것은 덕을 쌓는 일입니다. 덕을 쌓는 일은 남모르게 해야 합니다. 아무도 모르게 남을 도와주는 것을 음덕(陰德)이라고 합니다. 적게 먹고 조금이라도 만물을 허비하지 않고, 하늘과 자연의 은혜를 잊지 않아야 음덕을 쌓을 수 있습니다.

　이런 뜻을 모르는 사람은 한 톨 곡식이 바닥에 떨어진 것을 보고는 크게 한탄하고 아까워하면서도, 맛있는 반찬이 있으면 배부른 배를 두드리며 더 먹어서 똥을 만드는 사람입니다. 이렇게 살면 스스로 음덕을 해치는 것은 물론, 자연의 이치마저 무너뜨립니다.

　예로부터 녹(祿)이 없는 사람은 세상에 나오지 않는다고 했습니다. 자기 먹을 것은 갖고 태어난다는 얘기입니다. 식(食)이 있어야 명(命)이 있듯이 식이 다하면 명도 다합니다.

한 입 더 먹는 것은 천명(天命)을 줄이는 길입니다. 음식을 조금이라도 그릇 밑에 남겨서 살아있는 생물에게 베푸는 것이 큰 음덕이며, 음식을 베푸는 것이 큰 자비입니다.

사람들은 흔히 돈으로 남을 도와주려 하는 경우가 많습니다. 물론 돈으로 아무도 모르게 도와주는 것도 음덕을 쌓는 길 중의 하나가 될 수 있을 것입니다. 그러나 천지자연 속 이치에는 돈과 재물이라는 개념이 없습니다. 돈과 재물은 사람이 만들어낸 것이며, 세상을 돌고 돌기 때문에 세상 모두의 것입니다.

먹을 양식에서 아끼고 아껴서 베풀어야 참된 도움을 주는 것입니다. 배불리 먹고 남은 음식을 베푸는 것은 덕을 쌓는 데 도움이 되질 않습니다.

충분히 먹고 남을 도와주는 것은 받는 사람의 몫이지, 내가 도와준 양식이 아닙니다. 원래 도움을 받은 사람의 것이라는 말입니다. 내 음식을 아껴주어야 진실된 음덕을 쌓을 수 있습니다.

스스로 절제하는 것을 아무도 모른다고 생각하는 것은 미련한 일입니다. 우리가 하는 모든 행동 하나하나는 하늘이 알고 땅이 알고 스스로 아는 것입니다. 세상 누구도 자신을 속일 수는 없습니다. 스스로 아끼는 사람은 복을 몰고 다니며, 가난해도 결국에는 부자가 되고, 모든 흉악한 일도 비껴나갑니다. 이런 사람은 어디에 가도 사방팔방에 적이 없습니다.

음덕을 조금이라도 더 쌓고 싶으면 한 끼 식사에 반 공기를 줄여서, 이것을 베풀도록 노력하세요. 이렇게 세 끼의 식사를 절제하면 1년에 4말, 10년이면 4섬이라는 자신의 덕을 늘리게 됩니다. 이것을 밑천 삼아 출세할 수 있습니다. 스스로 덕을 늘리지 않으면 하늘로부터 돌아오는 복은 없습니다.

불교 행사 중에 방생이 있습니다. 방생은 생명을 살리는 일이니 큰 음덕을 쌓는 일 아닙니까?

불교에서는 방생이라고 새와 물고기 등을 놓아주는 행사를 합니다만 이것은 음덕을 쌓는 길이 아닙니다.

방생을 하려면 새와 물고기를 잡아야하고 다시 놓아주더라도 원래 살던 곳에 놓아주지 않으니, 짐승들이 당혹해하고 고생하게 됩니다. 진정으로 방생하고 싶다면 매일 먹는 짐승과 물고기를 절제하는 것이 참 방생이 아닐까 싶습니다.

불교는 부처를 닮으려는 종교입니다. 그런 방생을 하지 말고 부처를 닮아야 합니다. 부처께서는 자신의 식을 감하여 이를 천지에 공양하여 원대한 꿈을 이뤘습니다. 또한 음식을 절제하여 극히 소식을 하셨습니다. 그 식덕(食德)이 마침내 전 세계에 꽉 찼으므로 세월이 지날수록 그 법이 더욱더 원대해졌습니다.

나의 식을 줄여 천지에 베푸는 것이 곧 음덕입니다.

쌀을 아끼는 것도 방생의 하나입니다. 몇 알의 볍씨만 가지고도 한 섬의 쌀이 됩니다. 한 섬의 볍씨가 천 섬이 되고, 천 섬의 볍씨가 수백만 섬이 되는 것입니다. 하루에 반 공기씩만 식사를 줄여도 몇 년 만에 수백만 석의 생명을 방생하는 셈입니다.

음식 절제가 효의 길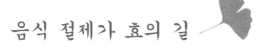

음식과 효는 어떤 관계가 있습니까?

음식을 절제하는 것이 효의 길입니다. 지극한 효심을 지닌 사람이라도 항상 많이 먹고 폭식을 일삼으면 끝내 병을 얻어 부모님이 주신 육체를 잃게 됩니다. 부모님 앞에서 병이 드는 것만큼 큰 불효는 세상에 없습니다.

　음식을 조심하여 이를 엄격히 절제하는 것이 효의 시작입니다. 세상에 효를 가르치는 사람은 많으나 식사가 난잡하여 자신이 병드는 것조차 모르니 참된 효를 어찌 가르칠 수 있겠습니까?

　효를 배우지 못했더라도 음식을 절제하면 그것이 바로 효의 길입니다.

넉넉한 곳에서 부족한 곳으로 흐른다

젊을 때부터 음식을 아껴왔는데도 이제 겨우 처자를 먹여 살릴 정도입니다. 음식을 절제해도 소용없는 것 아닙니까?

당신은 천록이 박하고 걸식할 관상입니다. 다행히도 젊었을 때부터 음식을 절제하여 자연스럽게 천록이 늘어나 있습니다. 그러므로 평생 걸식할 일은 없을 것입니다. 음식을 절제하지 않았으면 설령 잠시 부자가 되었다 해도 결국에는 빌어먹었을 것입니다.

당신은 홀로 살아 외로움을 겪어야 할 운명이었는데도 불구하고 좋은 자식이 있습니다. 자식은 노년의 재산입니다. 만약 당신이 유복하게 살았더라도 자식이 없으면 노후에 빈궁하였을 것입니다. 당신은 젊을 때부터 절제했기 때문에 늙어서도 자식에게 의존해 걸식할 걱정은 없습니다.

임금은 임금대로 부자는 부자대로 그에 맞는 식사가 있습니다. 가난한 사람 또한 가난한 식사가 있는 법입니다. 식사를 절제했더라도 그것이 자신의 분수에 넘치면 성공하기 어렵습니다. 보통 사람이 부자의 식사를 하면 스스로 성공을 갉아먹는 것입니다. 반대로 높은 자리에 있으면서도 가난한 식사를 하면 더욱더 높은 자리에 오릅니다. 음식을 탐닉하지 않는 사람이 성공합니다.

언제나 거칠고 검소한 식사를 하는 것은 대단히 좋은 일입니다. 하지만 거친 식사라도 때때로 폭식을 하면 아무 소용없습니다. 과식과 폭식은 자연에 빚을 지는 일입니다. 음식 빚은 생명의 빚입니다. 빚진 것은 언젠가는 갚아야 합니다. 재물 빚진 것은 안 갚아도 생명의 빚은 꼭 갚아야 합니다.

하늘로부터 받은 식량보다 많이 먹으면 매일매일 식량 빚을 지는 것입니다. 먹은 음식은 똥이 되어 다시 세상에 돌아오지 않으니 어느 때에 이것을 갚을 수 있겠습니까? 사람에게 빌린 것은 돌려달라는 말이라도 듣지만, 하늘은 돌려달라는 말 한마디 없이 가져갑니다. 하늘로부터 빌린 것은 본인이 갚지 못하면 자손이 갚아야 하고, 자손이 없으면 그 집안은 망하게 됩니다.

매일매일 과식으로 생명빚을 지는 사람은 심한 노동을 해야만 음식을 먹을 수 있습니다. 어렵고 힘든 상황을 벗어나고 싶다면 음식을 더욱더 소중히 생각해야 합니다. 먹을 것 다 먹고 입을 것 다 입고 입신출세를 바라는 사람은 미련한 사람입니다.

부족한 곳은 채우고 넉넉한 곳은 비우는 것이 세상의 이치입
니다. 넉넉한 곳에서 부족한 곳으로 흐르는 것입니다. 그래서
항상 넉넉하게 먹고 입는 사람에게는 성공이 오지 않습니다. 지
금 유복하지 않다고 한탄하지 말고, 더욱 절제하여 천록을 늘
리면 곧 성공의 길이 열릴 것입니다.

절제하면 망하지 않는다

한때 가업을 크게 일으켰으나, 지금은 거의 망할 지경입니다.
더 이상 해볼 도리가 없습니다.
이 상황을 헤쳐 나갈 방법이 있습니까?

당신은 원래 복을 많이 가지고 태어났습니다. 상도 크게 좋아
자손에게도 큰 재물을 남기게 되어 있었습니다. 그런데 어려서
부터 음식을 많이 먹고 만물을 절제하지 않아 하늘로부터 받은
복을 조금씩 줄여왔습니다.

　하지만 가운이 다해 망할 지경에 있어도 주인이 식사를 줄이
고 엄격히 절제하면 다시 번성할 수 있습니다. 가업(家業)의 장
(長)은 가업을 지키는 신과 같은 존재입니다. 가운(家運)이 다
했어도 주인이 절제하고 정신을 차리면 망하는 일은 없습니다.
가업이 망하는 것은 주인이 분수에 넘치는 행동을 했기 때문에
스스로 망하게 된 것이지 다른 탓은 없습니다.

모름지기 그 집의 천록이 다하면 반드시 망합니다. 주인이 스스로 식사를 줄여서 이것을 천지에 베풀면 가운이 저절로 살아납니다. 천록이 온전하면 집안이 망하는 일은 없습니다.

폭식과 과식은 항상 천복을 줄이는 것이니 이제부터라도 폭식과 과식을 삼가세요.

삼가는 사람이 귀한 사람이다

귀인(貴人)들은 항상 좋은 식사를 하는데 왜 잘살고 존경을 받습니까?
저도 좋은 식사를 배불리 하면 귀한 사람이 되지 않을까요?

귀인의 식사를 보셨습니까? 귀인은 올바른 식단을 곱게 차려서 먹을 뿐입니다.

귀인은 식사를 하되 천명을 거스르지 않습니다. 천명을 알고 스스로 삼가는 사람이 귀인입니다. 소인(小人)은 천명은커녕 먹고 있는 자신이 누구인지도 알지 못하고 입에다 퍼 넣기 바쁜 사람입니다.

귀인이 되고 싶다면 스스로 만물을 섬길 줄 알아야 합니다. 음식을 마구 낭비하는 사람은 절대 귀인이 될 수 없습니다.

싸움터에 나가는 무사들도 소식해야 합니까?

나라가 어지러워서 천하를 도모하기 위해 싸울 때는 먹지 못하는 수가 많습니다. 그래서 때때로 많이 먹는 것이 용납될 수도 있습니다.

 그러나 많이 먹더라도 뛰어난 무사가 되고자 한다면 식사를 엄격히 절제해야 합니다. 한 달에 한두 번 정도 많이 먹더라도 나머지 다른 날에는 철저하게 소식해야 합니다.

 무사가 아무리 큰 용맹을 지녔다하더라도 항상 배부르게 먹는 습관이 있으면 몸을 온전히 보전하지 못해 결국은 빨리 물러나게 되거나 명을 재촉합니다.

 식사를 감사하게 여기는 사람은 큰 관직을 얻게 되지만, 아무리 성공한 집에 태어났더라도 식사에 절제함이 없으면 끝내 성공하지 못합니다.

육식은 마음을 탁하게 한다

선생님께서는 될 수 있으면 육식을 하지 말라고 하시는데 그 이유가 궁금합니다.

육식은 원래 마음을 탁하게 하는 음식입니다. 고기를 먹으면 마음을 깨끗하게 유지하기 힘들고, 채소를 먹어야만 맑은 정신을 유지할 수 있습니다.

귀천을 막론하고 마음이 탁하면 성공할 수 없습니다. 마음이 탁한 사람에게 옳은 처신을 기대하는 것도 힘든 일입니다. 그러나 육식도 절제하여 소식하면 마음을 깨끗이 유지할 수 있으며, 채소라 할지라도 많이 먹어서 자신의 양을 넘으면 육식을 적게 먹는 것만 못합니다.

음식 절제가 쉽진 않지만 못할 일도 없습니다. 절제를 마음먹는 순간부터 그 사람의 마음은 깨끗해집니다.

나이가 들수록 힘이 없어집니다. 그런데 고기를 먹으면 힘이 좀 나는 것 같습니다. 늙은 사람에게도 육식이 해가 됩니까?

한참 자라는 어린 나무는 자연의 하찮은 비료로 길러도 그 강함이 없어지지 않지만, 늙은 나무는 그 몸이 스스로 썩어서 약해지는 것을 볼 수 있습니다.

이를 유지하려면 사람의 분뇨 등을 비료로 줍니다. 분뇨를 늙은 나무에 주면 싱싱한 상태를 유지하는 것처럼 늙은 사람에게는 약간의 육식이 도움을 줍니다. 나이를 많이 먹으면 몸이 쇠약해지기 때문에 육식을 해도 큰 죄를 짓는 것은 아닙니다.

그러나 절제를 잃으면 명을 재촉함을 명심해야 합니다. 젊어서부터 육식을 많이 하면 노년을 겪지도 못하고 죽습니다.

내 말이 틀리면 남보구는 천하의 사기꾼!

저는 활동량이 많고, 큰 꿈을 가지고 있습니다.
그래서 언제나 맛있고 기름진 음식을 든든히 먹어야 일을 할 수 있습니다. 맛없는 음식을 먹거나 적게 먹으면 원기가 약해져서 일을 할 수 없습니다.
저처럼 한 끼라도 적게 먹으면 힘을 쓰지 못하는 사람도 음식을 절제해야 합니까?

원기(元氣)는 원래 하늘에서 얻는 기운입니다. 원기는 넓고 커서 세상에 가득 차고 넘치는 기운입니다. 이것은 원래 자연에 풍부한 것입니다.

음식으로 원기를 얻어서 강하게 된다고 생각하는 것은 착각입니다. 원기는 절제하는 마음으로 생명을 아낄 때 더욱더 커지는 것입니다.

음식은 심신을 기르는 근본입니다. 이를 절제하면 뱃속이 자연스럽게 편해지고 운이 저절로 트이며 원기가 왕성해집니다.

과식하면 뱃속이 불편하므로 자연스럽게 기가 무겁게 됩니다. 이런 사람은 기색이 침체되기 때문에 혈색이 나빠지고 운도 막힙니다.

음식을 많이 먹고 힘자랑을 하는 사람들은 다 원리원칙이 없는 무도(無道)의 사람들입니다. 이런 사람들은 자연의 이치를 어기며 살기 때문에 원기가 오래 못 갑니다.

먼저 성실하게 3년 동안 식사를 절제해 보세요. 만약 그렇게 했는데도 성공의 길에 들어서지 않는다면, 천지에 이치란 없고 어느 세계에도 신이란 존재하지 않으며, 나 미즈노 남보쿠는 천하의 사기꾼이 될 것이오!

차면 기운다 🍃

기름지게 잘 먹는 사람은 겉으로 보기에 참 유복해 보이는데, 맛있고 기름진 음식을 많이 먹는 것이 나쁜 이유는 무엇입니까?

언제나 기름진 음식을 찾으면 좋은 운이 와도 깨닫지 못하며 아무리 노력해도 대가를 얻지 못하고 고생만 합니다. 제철에 나지 않는 귀한 것을 즐겨먹는 사람도 마찬가지입니다.

가난한 사람이 좋은 음식을 찾아먹으면 그 존재마저 위태롭습니다. 자연에 감사할 줄 모르는 소인(小人)은 하늘이 주신 복을 다 받지 못합니다. 검소한 식사를 하면 가난할 운명을 타고났더라도 인생의 높고 낮음이 없어집니다.

만물을 겸손하게 대하는 사람만이 성실한 사람입니다. 기름지게 많이 먹는 사람들은 무의식 중에 남에게 강한 모습을 보이려고 하는 부류입니다. 진실 되지 않은 마음을 가리려고 기름진 식사를 찾아다니기 때문에 자신도 모르게 난잡한 식사를 합니다. 이런 사람들은 다른 사람들로부터 경계의 눈초리를 쉽게 받습니다.

기름진 음식에 과식까지 한다면 출세가도에 있다가도 비명횡사하거나, 출세길이 갑자기 끊어져 집도 절도 없는 신세로 전락합니다. 이때는 주위의 친한 사람들마저 하나둘 떠나고, 한번 병에 걸리면 길게 앓아눕습니다.

저는 말라서 다른 사람 보기가 민망합니다.
마른 사람은 기름진 음식을 많이 먹어야 하는 것 아닙니까?

소식을 엄격하게 하는 사람은 혈색에 자연히 신명이 깃들어 있습니다. 많이 먹고 폭식을 일삼으면 얼굴에 신명이 깃들지 않습니다. 신명이 깃든 혈색은 그 뿌리가 깊고 변함이 없으나, 절제할 줄 모르는 사람의 혈색은 제멋대로 변하고 일정하지 않습니다. 무절제한 사람의 혈색은 자주 바뀌어 길상도 흉상으로 변하기 쉽습니다.

절제로 뼈와 살이 조화를 이룬 사람은 마른 것처럼 보여도 윤

택이 있고 어두운 기가 없습니다. 그냥 마른 사람과 혈색이 돌아 균형 있는 사람과는 다릅니다. 말랐다고 다 나쁜 것은 아닙니다. 당신은 절제함이 알맞아 심기가 잘 활동하고 혈색에 신명이 깃들어 있으니 걱정할 것 없습니다.

주위에 보면 기름지게 많이 먹고도 수명이 긴 사람이 있습니다. 이유가 무엇입니까?

그 사람은 하늘로부터 받은 음식이 원래 많은 사람입니다. 평생 무병(無病)의 운명을 타고난 사람도 있습니다. 그러나 이런 사람도 젊을 때부터 기름진 음식을 즐기면 수명대로 살지 못하고 죽을 때까지 편안함을 느껴볼 겨를이 없습니다.

명은 하늘로부터 타고나지만 그것을 기르고 가꾸는 것은 음식입니다. 음식을 절제하지 않으면 하늘로부터 받은 수명과 복을 다하지 못합니다. 이런 사람들은 타고난 좋은 운명을 스스로 망친 것도 모르고 살아갑니다.

차면 기우는 것이 세상이치입니다. 음식을 함부로 먹는 사람이 수명에 이상이 없으면 재산에 손실이 있거나 자손에 결함이 생깁니다. 음식이 뱃속에 가득 차는 대신 재물이나 자손의 운명이 기우는 것입니다.

마음이 가난해서 항상 배고프다

저는 창고에 식량이 가득차 있어서 무슨 일이 있어도 죽을 때까지 먹거리 걱정은 없습니다. 음식은 인명을 보전하기 위해 꼭 필요한 것 아닙니까?

음식을 충분히 먹지 않으면 항상 먹고 싶다는 생각만 떠올라 아무 것도 못합니다. 먹고 싶어도 먹지 못하는 생활이 지옥과 무엇이 다릅니까?

음식은 당연히 목숨을 보전하기 위해서 먹습니다. 그러나 과식이나 폭식은 비료를 많이 준 작물과 같이 목숨을 손상시킵니다.

조식(粗食)으로 알맞게 먹으면 초목이 무럭무럭 성장하는 것과 같이 건강해 집니다. 많이 먹는 것은 내 운명을 표적으로 활시위를 당기는 것과 같습니다. 이를 보고 어찌 현명하다고 하겠습니까?

충분히 먹고 싶다는 생각은 다 마음이 가난하기 때문에 생깁니다. 식량은 창고에 가득할 정도로 부자이지만, 마음이 가난해서 항상 먹고 싶다는 생각이 드는 것입니다.

　하늘이 주신 천명을 알고 분수를 아는 사람들은 마음이 부자입니다. 스스로 절제하는 것이 천국의 길임을 아는 사람들은 오직 검소한 생활을 감사하고 행복해할 따름입니다.

직업이 없는 이유

저는 아직까지 온전한 직업을 얻지 못했습니다.
이유가 무엇입니까?

살아있는 모든 것에는 식업(食業)이 있습니다. 짐승들도 날마다 돌아다니는 업(業)으로 먹고 삽니다. 짐승들에게도 있는 식업이 사람에게 없을 수 있겠습니까?

타고난 직업을 갖지 못하는 이유는 항상 제멋대로 먹어서 마음이 흐트러지고 게을러지기 때문입니다. 마음이 엄정하면 일을 못하게 하는 수많은 방해물을 뚫고서라도 일을 해냅니다.

오늘 일을 내일로 미루고, 내일 일은 그 다음날로 미루는 일이 반복되니 하늘로부터 받은 식업을 갖지 못하는 것입니다. 이런 식으로 세월을 보내면 몸과 마음이 병들어 결국에는 아무 일도 못합니다.

소중한 소금

음식 중에도 소중한 것이 있습니까?

모든 음식이 그 덕을 헤아릴 수 없이 소중하지만, 더 따지자면 소금이 중요합니다. 소금은 오미(五味)의 근본입니다. 짜고, 달고, 쓰고, 맵고, 신맛이 다 소금의 덕입니다. 소금은 세상의 기운을 돋우는 물질입니다.

　바다에만 소금이 있는 것이 아니라 땅에도 곳곳에 빠짐없이 들어있습니다. 모든 만물의 기운은 소금의 덕으로 그 몸체를 굳게 만듭니다. 소금은 인체를 단단하게 하는 근원입니다. 소금을 허술하게 다루면 상이 좋아도 단명합니다. 또 큰 복을 갖고 태어나도 병에 자주 걸리고 명이 짧아집니다. 모든 음식이 다 중요하지만 그중 더욱 귀한 것이 소금입니다.

생명의 본성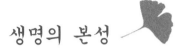

사람은 태어나서부터 먹는 것을 알고 젖을 찾습니다.
선생님이 말씀하신 것처럼 먹는 것이 나쁘다면 사람은 태어
나면서부터 나쁘게 태어나는 것입니까?

음식을 절제하라는 말이지 먹는 것 자체가 나쁘다는 이야기가
아닙니다. 모든 것을 선악이라는 이분법으로 이해하려는 것은
아직 깨달음이 미천한 사람들이 하는 일입니다. 세상 모든 것에
는 본래 천성이란 것이 있습니다. 천성이란 선악과 상관없는 본
래의 성질입니다.
 먹는 것 또한 생명의 본성입니다. 먹는 것이 어찌 나쁜 것이
될 수 있습니까? 사람이 태어나서 먹는 것은 나무가 물을 빨아
들이는 것과 같습니다. 꽃을 꺾어 물가에 두면 꽃은 자연스럽게
물을 빨아들여 꽃을 피우는 것이 꽃의 천성이듯 생명이 먹거리
를 찾는 것은 생명의 이치이며 본성입니다.

땅바닥에 기어다니는 지렁이부터 대변을 파먹는 멧새들에 이르기까지 배가 부르면 먹지 않습니다. 오직 사람만이 배가 불러도 계속 음식을 입에다가 꾸겨 넣습니다. 이것은 본성이 아니라 탐욕입니다.

맛있게 먹는 것이 보약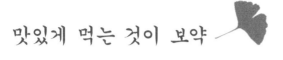

신선하지 않은 음식은 먹지 않아야 하는데, 선생님께서는
상관없다고 말씀하십니다. 잘못 먹고 병에 걸리면 어떻게 합
니까?

신선한 음식도 많이 먹으면 탈이 생깁니다. 상하지만 않았다면
신선하지 않더라도 몸에 나쁘지 않습니다. 우리 입으로 들어가
는 모든 음식은 원래 모두 생명이었습니다. 생명을 아끼는 것은
온 세계에 쌓인 덕(德)을 아끼는 것입니다. 나는 천지의 덕을 훼
손하는 것을 싫어하기 때문에 좀 덜 신선하더라도 상한 부분
을 떼어내고 씻어서 먹습니다. 신선하지 않더라도 잘 씻고 처리
해서 먹으면 배탈은 나지 않습니다. 생명의 법을 아는 사람들은
많이 먹지 않기 때문에 신선도가 떨어지더라도 맛있는 음식이
됩니다. 아무리 거친 음식이라도 내가 맛있게 먹으면 심신을 도
와주는 약이 됩니다.

가야 할 길을 아는 것이 행복

선생님은 엄청난 재산을 가지고 계십니다.
그런데 왜 쌀밥도 드시지 않고 보리나 메밀로만 식사를 하십
니까? 배불리 드시지도 않으니 지옥에서 사는 것과 무엇이
다릅니까?

아직 자기가 가야 할 길을 모르는 사람은 그저 맛있는 것을 먹
고 배를 두드리고 좋은 옷과 대궐 같은 집에 사는 것이 행복이
라고 생각할지 모릅니다. 저는 하늘이 제게 주신 천명을 알고
분수를 알고 있습니다. 지금 스스로 가야 할 길을 가고 있을 뿐
입니다. 가야 할 길을 갈 수 있다는 것에 행복할 따름입니다. 나
처럼 미천한 사람이 보리와 메밀을 먹을 수 있다는 것만으로도
너무나 감사한 일입니다.

무병장수하는 법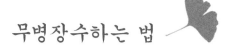

무병장수하는 것이 소원입니다. 어떻게 해야 합니까?

나라에 임금과 신하가 있듯이 사람에게는 마음이라는 임금과 음식이라는 신하가 있습니다. 임금이 훌륭하면 신하의 충성도 높지만, 임금이 흐트러지면 신하가 임금을 따르지 않으며 큰 변란이 일어납니다. 반대로 훌륭한 신하를 둔 임금은 성군이 되지만, 나쁜 신하를 둔 임금은 폭군이 되기 쉽습니다.

훌륭한 마음을 가진 사람은 식사가 난잡하지 않고 규칙적으로 소식합니다. 질병은 마음이 흐트러지거나 식사를 규칙적으로 하지 못해 생기는 변란과 같은 것입니다.

사람은 육체와 마음으로 나눌 수 있습니다. 육체가 집이라면 마음은 그 집에 살고 있는 주인입니다. 처음부터 튼튼한 집과 부실한 집이 있듯이, 부모로부터 받은 몸이 튼튼할 수도 약할 수도 있습니다. 집이 원래 부실했다면 집주인이 잘 수리해가며 살아야 합니다. 튼튼했던 집이라도 세월이 흐르는 동안 살피지 않으면 무너져 버립니다.

수리할 곳이 많음에도 집주인이 조심하지 않으면 기둥뿌리가 절로 썩고, 비가 새는 집이 됩니다. 결국엔 집이 무너져 집주인마저 살 수 없게 됩니다. 주인인 '마음'이 집인 '육체'를 보살피지 않으면 사람은 죽습니다.

하늘로 돌아갈 때가 되지 않았더라도 육체라는 집이 무너져서 더 이상 머물 곳이 없기 때문에 마음이 육체를 떠나야 합니다. 사람이 병에 걸려 죽는 것은 집주인이 무절제하여 부모로부터 물려받은 집(육체)을 없애버리는 것입니다.

육체라는 집이 거의 다 무너진 후에는 의사를 찾아도 의사가 집을 다시 만들지는 못하며, 죽은 후에 한탄해도 다시 살아날 수 없습니다. 마음을 잘 다스리고 절제하여 육체라는 집을 손상시키지 않으면, 설사 돌아갈 때가 됐더라도 집이 온전하여 더 오래 살 수 있습니다. 이런 이치를 듣고도 폭식을 하면, 마치 자기 집을 망치로 부수고 일부러 초석을 빼내는 미친 사람이라고 볼 수밖에 없습니다.

병 없이 오래 살고 싶으면 마음을 흐트러짐 없이 세우고, 식사에 규칙을 세워 함부로 먹지 않으면 됩니다. 이 방법을 아는 사람은 음식뿐 아니라 만물을 낭비하지 않습니다. 이런 사람들의 삶은 하늘과 조화를 이루기 때문에 장수와 복이 저절로 따라옵니다.

검소한 생활을 즐거움으로 삼으면 마음이 편안해지고 모든 삶이 마음먹은 대로 흘러갑니다. 또 살아감에 있어 혹시 모자란 면이 생기면 하늘이 자연스럽게 채워줍니다.

그래서 수명은 자신이 어떻게 기르느냐에 따라 그 장단(長短)이 있는 것이지 하늘에 달려있지 않습니다. 1년을 조심하면 1년을 더 살 수 있고, 10년을 조심하면 10년의 수명을 연장할 수 있습니다.

선생께서는 오랫동안 수련을 해오셨는데, 생활에서 쉽게 실천할 수 있는 건강법을 알려주십시오.

스물한 살 때부터 운명학에 입문해 어떻게든 신선 같은 스승을 만나려고 전국을 돌아다녔지만 찾을 수가 없었습니다. 이곳저곳 깊은 산속에서 수행하고, 절이나 암자에서 은거하는 사람들을 찾아 선법(仙法)을 물어보기도 했지만 가르쳐주는 사람이 없었습니다.

스물다섯 살 때 신기하게도 신선 같은 스승을 만나 백일 동안 선술(仙術)을 배웠습니다. 저는 원래 요절할 관상이었는데 이 방법으로 상당히 수명을 늘렸습니다.

몸이 약한 사람은 매일 아침 떠오르는 태양을 바라보며 기도하세요. 태양은 양의 근원이며 생명의 근원입니다. 태양을 바라보는 시간은 아주 잠깐이어야 하며 낮에 해서는 안 됩니다. 태양을 바라보며 기도하면 몸과 마음이 건강해지고 장수하게 됩니다.

이 방법은 귀천의 구별 없이 누구나 쉽게 할 수 있습니다. 병에 걸렸거나 일찍 죽을 운명을 가진 사람에게 이 방법을 권했더니 모두 무병장수의 상으로 변했습니다.

선술은 원래 비인부전(非人不傳—올바른 사람이 아니면 가르침을 줄 수 없다)입니다. 아무렇게나 살면서 이 방법만으로 수명을 늘릴 수는 없습니다. 음식을 절제하지 않는 사람이 이 방법만으로 건강해지고자 하는 것은 도(道)를 해치는 짓이므로 해롭습니다. 먼저 절제를 몸에 익히고 이 방법을 실행해야 합니다.

음식으로 병을 고친다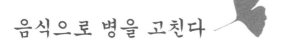

밤낮 가릴 것 없이 배가 아파서 죽을 지경입니다.
좋다는 약도 많이 먹고 기도도 해봤는데 좋아지지 않습니다.
어찌된 일입니까?

과식으로 생긴 병입니다. 식사가 무절제한 사람은 무병의 관상
을 하고서도 반드시 큰 병을 얻습니다. 이런 병은 스스로 만들
기 때문에 낫기 힘들고 오래 고생하게 됩니다.

스스로 잘못 살아서 생긴 병이 기도한다고 치유가 됩니까?

기도를 하려면 식사 습관부터 고치고 시작해야 합니다. 식사
를 모두 죽으로 바꾸고 백일동안 기도하면 효과는 백발백중일
것입니다. 많은 난치병이 백일동안 흰 죽 두 공기만 먹으면 많이
좋아집니다. 수년을 앓던 사람도 일 년이면 낫습니다. 음식을
절제하는 사람은 큰 병에 걸리지 않으며 감기에 걸리는 일은 가
끔 있어도 삼 일 이상 앓아눕지 않습니다.

최근 들어 식욕도 없고 먹고 나면 나른합니다. 게다가 항상 잔병치레를 하니, 이유가 무엇입니까?

먹고 싶지 않다면 먹지 않는 것이 좋습니다. 음식이 배에 오래 머물러, 뱃속에 똥이 꽉 차있기 때문에 음식맛이 없는 것입니다. 입맛이 없으면 굳이 먹으려 말고 먹는 양을 반으로 줄여야 합니다.

식사를 줄이고 절제하면 입맛이 좋아지고 숙변도 없어집니다. 음식을 절제하는 사람은 반찬이 없어도 진수성찬을 만난 것처럼 식욕이 당깁니다. 양껏 먹던 사람은 맛있는 반찬이 있어도 밥맛이 좋을 수 없습니다.

먹고 싶지 않으면 하루 종일이라도 굶어야 합니다. 하루 종일 굶으면 소금만 있어도 밥맛이 좋아집니다.

과식으로 배가 꽉 차면 기(氣)가 무거워져서 자연스럽게 졸음이 옵니다. 잠에서 깨도 나른하고 얼굴이 무겁게 느껴지는 이유는 심기(心氣)가 빠져 전신에 힘이 빠져버리기 때문입니다.

적게 먹어도 식후에 나른하면 식사를 더 줄여야 합니다. 몸이 받아들일 수 있는 양보다 많이 먹으면 그것이 탁한 피와 살이 되어 결국에는 병에 걸립니다.

배에 머물던 음식이 없어지면 자연히 병도 낫습니다. 조금 먹어야 상쾌한 것을 알면서도 실행하지 못하면 미련한 사람입니다.

정신병도 음식으로 고칠 수 있습니까?

정신병에 걸리면 음식을 불규칙적으로 아무렇게나 먹는 모습을 흔히 볼 수 있습니다.

정신병을 갖고 있는데도 식사가 무절제하면 반드시 병이 악화되거나 치유하기 힘들어집니다. 정신병에 걸렸거나 항상 침울한 사람은 식사를 최대한 줄이고 간식을 먹지 못하게 하면 정상으로 차차 돌아옵니다. 수년간 정신이상을 앓아온 사람도 이와 같이 오랜 기간 실행하면 자연히 낫습니다.

정신병은 귀신 붙은 병이 아니라 식사를 난잡하게 해서 생기는 것입니다. 식사를 엄격히 절제하면 정신이 스스로 바르게 되어 낫습니다. 혹시 귀신이 붙었다 해도 정신이 바르면 해를 입히지 못하고 스스로 떠나갑니다.

정신이상은 모두 음식의 무절제로 생깁니다. 음식은 정신을 기르는 근본입니다. 근본을 바로 세우면 정신은 반드시 제자리를 찾습니다.

술의 절제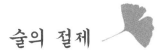

선생께서는 음식을 절제하지 않는 사람은 성공하지 못한다고 하셨는데, 당나라의 이태백은 술을 많이 먹었던 것으로 유명합니다.

그는 지금까지 현인(賢人)이라는 소리를 듣고 있는데, 대인(大人)은 음식을 절제하지 않아도 되는 것입니까?

술을 많이 먹으면 마음이 흐려질 수밖에 없습니다. 술을 많이 먹어도 마음이 흐려지지 않는 사람은 천하에 명성을 떨치는 것입니다. 소인(小人)은 술을 많이 먹으면 마음이 흐려져 만사가 꼬이게 되는데, 어찌 일을 잘해낼 수 있겠습니까?

이태백은 술을 많이 먹기를 만인보다 더했다고 해도 마음이 흐려지지 않았으니 참으로 천하호걸입니다. 이태백도 술을 많이 먹고 정신없이 행동했다면 지금처럼 유명해지지는 않았을 것입니다.

사람들은 이태백이 술과 고기를 마구 먹었을 것이라고 생각할지 모르나 무절제하게 먹은 것은 아닙니다. 이태백은 술 백 잔에 시 백 편을 지었다고 하니, 술 한 잔에 시 한 편이라는 절제가 있었던 것입니다. 술 한 잔에 시 한편을 짓는데 어찌 마구 먹을 수 있겠습니까?

여담이지만, 이태백은 현인이라기보다는 재기(才氣)가 뛰어난 사람입니다. 무릇 현인이란 자기가 좋아하는 일을 잘하는 사람이 아니라, 천하의 도를 명백히 하여 세상에 알리기 때문입니다.

식사는 절제하지만, 술을 절제할 수가 없습니다.
운명에 지장이 있습니까?

술을 많이 먹으면 몸이 상하는 것을 알면서도 과음 하는 사람들이 많습니다. 술도 음식이기 때문에 절제해야 합니다. 한두 잔이 나쁘다고 할 수는 없으나 많이 마시면 반드시 명을 줄입니다.

대개 술을 조금 마시면 맛있는 듯 웃음을 짓지만 많이 마시면 쓴맛이 나고, 괴로운 듯 얼굴을 찌푸리고, 자신도 모르는 큰 동

작을 합니다. 사람은 신명으로 살아가는데 얼굴을 찌푸리는 것은 신명이 괴롭기 때문입니다.

술을 많이 마시면 숨을 가쁘게 내쉬고 머리가 깨지는 괴로움을 당하기도 합니다. 다음날 뱃속이 이상하고 울렁거릴 때야 후회하지만, 무절제한 사람은 다음에도 똑같이 분에 넘치게 술을 마십니다.

술에 취하면 자신을 잊고 더욱더 많이 먹으려하니, 자신이 누군지도 모르고 불속으로 날아드는 나방과 같습니다. 수년간 이렇게 스스로 괴롭히는데 어찌 장수할 수 있겠습니까?

한두 잔의 가벼운 술로 크게 먹는 술을 대신하여 명을 줄이는 일이 없어야 합니다.

술과 고기를 즐기면 좋지 않다고 말씀하시는데, 저는 술과 고기를 즐겨왔는데 아직까지 건강합니다.
술과 고기도 사람에 따라 좋은 사람이 있습니까?

술과 고기를 많이 먹는 사람은 당장 조심하지 않으면 노년에 나쁜 일이 생깁니다.

술과 고기를 많이 먹으면 겉으론 보기 좋아도 몸이 야무지지 않고 탁해집니다. 뼈와 살, 피부가 서로 상응해야 건강한데, 당신은 겉으론 튼튼해 보여도 속이 허약합니다. 술과 고기로 피가 많아져 심기(心氣)가 자연히 이완되어 좋아 보이는 것뿐입니다.

사람은 심기가 근본인데, 심기가 빠진 사람 중에 성공한 사람은 천하에 없습니다.

간절한 소망은 이루어진다

운이 나빠 크게 고생하고 있습니다.
어떻게 소원을 빌어야 여기서 헤어날 수 있습니까?

간절한 소망을 담아 기도하여 그것이 천지에 차면 자연스럽게 이루어집니다. 그러나 천일 밤낮을 기도해도 진실이 없으면 신의 가호가 있겠습니까? 진실로 신에게 빈다는 생각이 있다면 목숨도 아깝지 않다는 각오가 있어야 합니다.

식(食)은 나의 목숨을 기르는 근본입니다. 그러니 이것을 바치는 것이야말로 목숨을 바치는 것과 같습니다. 평소에 한 공기의 밥을 먹었다면 반 공기로 줄여 신께 바치세요. 실제로 식사를 바치는 것이 아니라, 밥상을 대할 때마다 신께 마음속으로 기도하면 됩니다.

"지금 반 공기를 드립니다."하고 마음속으로 기도하고 반 공기의 밥을 먹으면 됩니다. 먹지 않은 반 공기는 신이 즉시 받아줍니다.

신은 정직한 사람의 머리 위에 계신다고 했습니다. 물건을 직접 받는 것이 아니라 그 마음과 뜻을 받는 것입니다. 그런데 충분히 먹고 신에게 매일 맛있는 음식을 따로 해서 바쳐도 신은 좋아하지 않습니다. 자신이 먹을 것을 아껴서 올리는 뜻만을 받는 것입니다.

셋을 먹었다면 둘을 먹고, 둘이었다면 하나만 먹고, 하나였다면 반을 먹어서 그 덕을 키우면 세상에 이루어지지 않을 소원은 없습니다. 이렇게 기원하면 작은 소망은 1년이나 3년이면 이루어지고, 큰 소망은 10년이면 충분히 달성할 수 있습니다.

죽을 때 괴로움이 없으려면

훌륭한 분들을 많이 알고 있으나 음식 절제로 신의 뜻에 가까워진다는 말은 처음 들어봅니다. 아무리 선생님의 도가 높다고 하셔도 좀 지나친 것 아닙니까?

마음이 동요하지 않아야 신의 뜻에 가까워집니다. 마음이 혼란스러워지는 것은 다 음식이 원인입니다. 음식을 절제하면 마음이 안정되고 작은 일에 동요하지 않습니다.

술과 고기를 먹으면 마음이 쉽게 흥분되고 흐트러져서 생각지도 않은 나쁜 짓을 하게 됩니다. 또한 과식하면 몸 안의 기가 무겁게 되어 마음이 제 갈 길을 정하지 못합니다.

수행을 깊게 하는 사람들은 오후 4시 이후에는 음식을 먹지 않아야 합니다. 이런 방법은 다 기(氣)를 고요하게 하여 마음을 다스리기 위한 것입니다. 음식을 절제하지 않으면 밤낮 기도를 해도 마음이 항상 혼미하니 어찌 신을 만날 수 있겠습니까?

다시 말하지만 진정 신을 만나고 싶은 열정이 있다면 자신이 먹는 것을 줄여 마음 속으로 신께 드리면 됩니다.

음식을 절제하는 것은 현재와 미래에 다 도움이 되는 일입니다. 현생에서 음식을 절제하여 이를 천지에 남기면 전생의 악연을 풀어 현생의 명복을 늘릴 수 있습니다. 현생에서부터 안락세계에 사니 자연스럽게 임종 또한 편안할 수 있습니다.

사람이 죽을 때 모습을 보면 어떻게 살았는지 알 수 있습니다. 죽을 때 괴로운 마음이 없으면 다가올 세상에도 괴로운 마음이 없는 세계에서 살게 됩니다.

현생에서 음식을 절제하여 이를 천지에 늘리면 반드시 미래로 가져갑니다. 현생을 바탕으로 미래에 도움을 얻는 것입니다.

절제를 물려줘라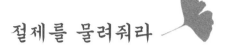

자손이 잘사는 것을 제 눈으로 보고 싶습니다.
생전에 많은 재산을 물려주고 싶은데 괜찮겠습니까?

대단히 좋지 않은 생각입니다. 많은 재산을 물려주는 것은 어버이의 사랑이 아니라 자식을 크나큰 곤경으로 내모는 일입니다.

재산을 물려주기 전에 절제를 가르쳐야 할 것입니다. 절제가 몸에 배지 않은 채로 재산을 물려받으면, 그 자손은 재산이 언제까지나 그럴 줄 알고 하는 일없이 세월을 보내게 됩니다. 또한, 가업을 튼튼하게 하기는커녕 송두리째 날려버릴 수도 있습니다.

진정으로 자식을 위한다면 그 어버이가 정직을 근본으로 언제나 절제하는 모습을 보여주면 됩니다. 그리고 자손을 위해 만물을 허비하지 않고 사소한 것이라도 버리지 않는 것을 꼭 지켜야 할 가훈으로 가르쳐야 합니다. 오로지 절제하는 가풍을 남기는 것이 어버이의 크나큰 사랑을 전해주는 것입니다.

자식을 키울 때 좋은 것만 먹이고 좋은 옷만 입히면 커서도 좋은 사람이 된다는 이야기를 들었습니다.
선생께서는 자식을 어떻게 키워야 된다고 생각하십니까?

무릇 깨달은 사람은 조식(粗食)을 먹고 물만 마셔도 즐거움이 넘친다고 했습니다. 호사스런 비단옷을 입고, 맛좋은 음식을 먹는 것과 귀인(貴人)이 되는 것은 상관이 없습니다.

　모든 실력과 천재성은 스스로 드러납니다. 노력이 쌓여서 몸 안의 신명(神明)이 발동하는 것이 바로 능력입니다.

　소인(小人)이면서 어려서부터 귀한 사람이 하는 대로 맛좋은 음식을 먹고 좋은 옷만 입으면 나중에 크게 후회합니다. 덜 좋은 옷을 입고 조식을 하며 컸다고 해서 실력이 떨어지는 것은 아닙니다. 밑바닥에서부터 갈고 닦아 훌륭한 현자(賢者)가 된 분이 많습니다. 부모가 가난하고 세상살이에 쫓겨, 스스로 모든 것을 해결하며 산 사람이라도 절대 우매하지 않습니다. 가난하고 궁한 환경에서 뛰어난 사람이 나오는 것은 드문 일이 아닙니다. 시커먼 갯벌 속에 진주가 있는 법입니다.

　스스로 열심히 준비하는 사람은 언제나 천하의 쓰임새가 기다리고 있는 법이니, 너무 좋은 것만 찾아주지 않아도 됩니다.

만물을 소중하게 절제하라

노년에 이르렀으나 아직 자식을 얻지 못했습니다.
아이가 없으니 절제를 해도 누구에게 그 덕을 물려주겠습니
까? 죽은 뒤에 재물이 무슨 소용이 있습니까?
남은 인생을 호화롭게 살고 싶습니다.

자식이 없는 운명이라도 엄격히 절제하면 반드시 훌륭한 자손
을 얻을 수 있습니다. 지금부터라도 소식하여 그 덕이 천지만물
을 이롭게 하면 노년에 가깝더라도 자손을 볼 수 있습니다.

 나이가 많아 자손을 보기 힘들더라도 마음은 불생불멸(不生
不滅)이므로 절제를 늦추어서는 안 됩니다.

 육체는 사라져도 마음은 남습니다. 마음은 인연과 인과를 기
억합니다. 인연은 원인을 만드는 것을 말하며 인과는 그 원인을
갚는 것입니다. 현생에 나쁜 인연을 맺으면 다시 태어날 때에 나
쁜 업보를 받는다는 뜻입니다.

지금 당신이 쌓은 덕이 미래의 당신에게 도움을 줍니다. 믿을 수 없겠지만 세상은 그렇게 돌아갑니다. 만약에 현생이 끝이라는 생각에 천지만물을 마음대로 허비한다면 다음 생에는 뼈 빠지게 일해야 겨우 먹고 살 수 있습니다.

　전생이나 내생도 다 현생에서 스스로 하기 나름입니다. 몸가짐이 바른 사람은 스스로 돕게 됩니다. 하늘은 스스로 돕는 사람을 보살핍니다.

　"만물을 소중하게 절제하라."는 것은 나의 말이 아니라 하늘과 자연의 가르침입니다.

자녀의 운명은 부모하기 나름

아기가 자주 아픕니다.
저희 아기의 운명이 좋지 않은가요?

어린 아기가 가난하고 나쁜 운명을 갖고 태어났더라도 부모가
절제하면 아기의 운명이 더 이상 나빠지지 않습니다. 또한, 초년
에 부모가 하는 바에 따라 나쁜 운명도 좋게 바뀌는 일이 많습
니다.

　자식에게 있어 부모는 근본입니다. 근본이 바로 서면 자연스럽
게 모든 것이 바르게 됩니다. 혹시 아기에게 태어나기 전 인연이
있다 해도, 이것을 푸는 것은 부모의 행동에 달려있습니다. 부
모가 이 인연을 풀지 못하면 커가면서 자신의 행동에 따라 인연
의 실타래가 풀립니다.

　나쁜 인연을 푸는 가장 좋은 방법은 음덕을 쌓는 일입니다.
몰래 다른 사람을 돕는 일을 계속하세요. 보통 사람들이 몰래
하는 음덕으로는 충분하지 않습니다.

스스로 매일 먹는 음식에서 절제하는 것이 시작입니다. 내 입으로 들어가는 얼마 안 되는 음식이지만 매일 절제를 실행하면 자손의 나쁜 인연을 풀어, 아기의 가난함과 병약함을 극복할 수 있습니다.

세상은 날마다 새롭게 변한다

저희 제자들이 평생 간직해야 할 말씀을 전해주십시오.

처음 세상이 만들어질 때는 아무것도 없었습니다. 그 후에 음양의 기가 만들어지면서 사람이 생긴 것입니다. 그러므로 음양의 기가 근본이고 신체는 나중입니다. 그래서 관상이나 생김새를 먼저 논하는 것보다 기(氣)를 중심으로 인생을 논해야 합니다.

잘살고, 못살고, 오래 살고, 빨리 죽는 일이 다 스스로 만드는 기운에서 생깁니다. 사람뿐 아니라 천지만물은 다 이러한 기운을 근본으로 살아갑니다. 이런 음양의 기운을 보는 것이 내 관상의 비법입니다.

우주의 기운은 너무 커서 눈앞에 있다 해도 쉽게 볼 수 없습니다. 관상은 먼저 우주의 기운과 세상의 이치를 근본으로 해서, 스스로 덕을 배우고 몸을 삼가는 것이 첫째 일입니다.

만물은 모두 각자의 상(相)을 가지고 있습니다. 하찮은 미물이라도 상을 갖지 않은 것은 없습니다. 세상 모든 것이 모양새와 살아가는 방법이 있는데 하물며 사람이 없겠습니까?

다른 사람의 운명을 보기 위해서는 우주가 돌아가는 이치를 알아야하며, 그래야 만물의 이치 또한 꿰뚫어 볼 수 있는 것입니다.

상을 보는 이유가 무엇입니까? 만인에게 우주의 이치와 세상 살아가는 이치를 가르치고 베풀기 위함입니다. 스스로의 안위와 편안함을 위해 상을 보는 것은 이치에 어긋나는 일입니다.

그렇다면 만인에게 세상의 이치를 알려주는 이유는 무엇입니까? 만인으로 하여금 만물을 사랑하게 하여 온 세상이 자비와 사랑으로 가득 차게 하는 것입니다.

세상 사람들에게 이치를 가르친다고 그것이 자신의 덕이라고 생각하면 안 됩니다. 자신이 다른 사람을 가르치는 것도 다 천지자연의 덕이지 스스로의 덕은 아닙니다.

이렇게 스스로 겸손함으로써 점차 깨달음에 이르게 되면, 자연스럽게 다른 사람이 추앙하는 사상가가 되는 것입니다. 천지에 베푸는 것이 곧 얻는 것이라는 것을 한시도 잊으면 안 됩니다.

다시 한 번 강조하지만, 베푸는 덕을 자신의 능력이라고 여기면 끝내 천지만물의 이치에는 도달하지 못합니다. 모든 덕은 천지자연에서 나오는 것입니다. 그것을 자신의 덕이라고 생각하면 자연의 덕을 훔치는 일이니 어찌 좋은 일이라 하겠습니까?

물은 높은 곳에서 낮은 곳으로 흐릅니다. 바다가 자연스럽게 천지의 물을 받아들이듯 자연의 이치는 간단합니다. 이치를 알면 상을 꿰뚫어보는 것이 하나도 신기하지 않습니다. 신기한 것은 도가 아니며, 오로지 명명백백한 것이 도입니다.

세상 만물은 모두가 날마다 새롭게 변합니다. 날마다 새롭게 변하는 것을 꿰뚫어보기 위해서는 만물을 나의 백성이라고 생각하는 자세가 필요합니다. 이런 자세로 만물을 바라보면 하루하루의 길흉을 알 수 있습니다.

만물은 매일 새롭게 바뀌며 한 순간도 멈추지 않습니다. 사람 또한 혈기가 전신을 순환함에 따라 혈색이 시시때때로 바뀌는 것입니다. 계속 변하는 곳에서 이치를 터득하면 유(有)에서 무(無)를 알 수 있고, 무에서 유를 알 수 있습니다.

만물이 태어남과 돌아감을 반복하듯이 사람도 마찬가지입니다. 세상에 올 필요가 있을 때 생겨나고 다시 돌아가는 것입니다. 그리고 또다시 생겨나는 것입니다. 그러므로 만물이 새롭게 된다는 것을 모르는 사람은 상을 보아도 그 이치를 미루어 알 수 없습니다. 이치를 모르는 사람은 남의 운명은 물론 자신의 운명조차 알 수 없는 것입니다.

천하의 이치를 아는 사람은 자신의 분수를 알고 스스로 어떻게 행동해야 하는 줄 압니다. 이를 모르는 사람이 높은 자리에 있으면 교만한 사람이 되기 쉽습니다.

특히 상을 보는 사람은 이 이치를 정확히 알아야 합니다. 이치를 모르는 관상가는 정확한 상을 볼 수 없을 뿐 아니라, 사람을 가르칠 수도 없으며 잘못된 길로 이끌기도 합니다.

절제, 즉 스스로 멈출 줄 아는 것이 최고의 선이며, 만물을 다스리는 근본 이치입니다. 절제하지 않는 모든 것은 악의 근원이며, 그 종말은 만물에 해롭습니다. 절제하지 못한 삶은 비록 좋은 운명을 타고났더라도 하늘의 운을 받지 못합니다.

천운(天運)은 무절제한 사람에게는 전달되지 않습니다. 천운을 받으면 모든 것이 새롭게 되고 수신(修身)하기 쉬워집니다. 자연의 이치를 모르는 사람은 나무나 돌보다도 못한 사람입니다.

나의 상법의 비결은 오로지 절제를 첫째로 하여 하늘의 안목을 갖는 것을 목적으로 합니다. 제자가 많지만 이것을 제대로 아는 자는 극히 드물어 안타깝습니다. 가끔 알아듣는 제자가 있다 하더라도 스스로 이치를 가볍게 여겨 중도에서 물러나는 일도 많습니다. 몇몇은 이치를 가볍게 여겨 내 이름을 더럽히는 일도 있었습니다. 앞으로는 새로운 제자는 받지 않을 것입니다.

만약 배우고자한다면 절제가 무엇인지 먼저 깨우쳐야 하며 만물이 나의 근본임을 알고 실천해야 할 것입니다. 이치의 심오한 의미를 깨달으면 내 비결을 스스로 터득한 것이니 나에게 따로 배울 것이 없습니다.

수신(修身)의 지혜

선생은 음식과 생명을 강조하지만, 사람이 살아가는 데는 인의예지신이 필요한 것인데, 어찌 이것을 모르고 수신한다고 할 수 있습니까?

인의예지신(仁義禮智信)은 자연의 이치를 알면 자연히 얻어집니다. 생명은 하늘의 은혜로 만들어지고 땅의 지혜로 길러집니다. 나를 낳고 기르는 것이 하늘과 땅의 덕입니다. 하늘과 땅의 은혜를 아는데 어찌 부모의 은혜를 모르겠습니까? 천지의 은혜를 아는 사람에게 인의예지신은 자연스럽게 얻어지는 열매일 뿐입니다.

성현의 말씀을 배우지 않아도 근본만 지키면 사람의 마음은 바로 서게 됩니다. 그래서 글을 알지 못해도 효를 행하는 사람이 많은 것입니다. 설사 지식이 높더라도 근본을 모르면 인의예지신은커녕 부모마저 몰라봅니다.

마음은 없어지지 않는다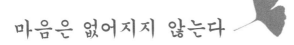

선생님은 항상 심신(心身)은 묘법이라고 했는데 무엇이 묘
(妙)이고 무엇이 법(法)입니까?

사람을 포함하여 모든 만물에는 스스로 지닌 모습이 있습니다.
겉으로 드러난 모습뿐 아니라 자신이 의식하지 못하는 속모양
까지 모두 다른 상을 하고 있습니다.

상에는 유상(有相)과 무상(無相)이 있는데 유상은 보이는 것
이라 쉽게 생각하고, 무상은 어렵게 생각하는 것이 일반적입니
다. 유상은 형체가 있는 것을 말합니다. 형체가 있는 모든 것은
다 각자 살아가는 법이 있습니다.

형체가 있는 것은 사라짐이 있는 법입니다. 그래서 신체를 법
(法)이라고 하는 것입니다. 이것을 알아가는 과정이 인생이며
공부입니다. 유상은 형체가 있어서 쉬워 보이지만 수시로 바뀌
기 때문에 실제는 어렵습니다.

무상은 형체가 없지만 모든 것이 명명백백합니다. 무상을 아

는 것이 진정으로 아는 것이라고 할 수 있습니다. 무상은 곧 마음입니다. 마음은 무형(無形)으로 생김과 없어짐이 없습니다.

흔히 마음의 움직임을 묘하다고 합니다. 원래 우리의 본성은 미묘한 마음에서 시작해서 밖으로 그 형색을 드러내는 것이 이치입니다. 그리하여 심(心)의 묘(妙)와 신(身)의 법(法)을 알게 되면 천지의 이치를 알아볼 수 있는 것입니다. 묘법이란 이런 깊은 이치를 표현한 말입니다.

종교의 근본 원리는 같다

모든 종교가 완전하다면 한 가지만 있어도 될 텐데, 왜 세상
엔 여러 종교가 있습니까?

불교를 믿는다고 해서 자비만으로 다스릴 수 없고, 유교를 믿는
다고 해서 예(禮)만으로 백성을 다스릴 수는 없습니다. 나는 종
교에 울타리가 있다고 생각하지 않습니다. 옳은 이치는 다 하나
로 통합니다.

무릇 신은 천지에 가득하며 우리 마음 속에도 계십니다. 바깥
에 있는 신으로부터 영험한 기적이 나타나는 것이 아니라, 다
내 안에 신이 함께 할 따름입니다.

언제나 스스로 절제할 때 신은 모습을 드러냅니다. 아끼고 검
소하며 만물을 헛되이 쓰지 않으면 항상 신과 함께 하는 것입니
다. 어떤 신이든 만물이 허비되고 버려지는 것을 좋아하지 않습
니다.

그러므로 종교가 어떻든 스스로 삼가고 만물을 허비하지 않는 사람이 복을 받습니다.

종교 사원이나 사찰에는 재물이 모이는 경우가 많습니다. 흥하는 종교인들은 음욕을 삼가고, 항상 조심하여 규칙을 엄격히 지키며 살아갑니다. 하고 싶은 일을 마음대로 하지 않는 절제가 천지에 퍼져 그 덕이 다시 돌아오기 때문에 큰 복을 받는 것입니다.

종교인 중에서도 호화로운 생활을 하며 만물을 함부로 낭비하는 사람은 자신의 영혼을 깨뜨리는 사람들이니, 아무리 겉으로 아름답게 꾸며도 남들이 알아주지 않습니다.

사치를 멀리 하고, 검소한 옷을 입고, 음식을 절제하여, 매일 크게 덕을 쌓으면 그 덕이 하늘과 땅을 다 채우고도 남습니다.

이런 사람은 칠흑 같은 산중 동굴에 기거해도 세상 사람들이 그 덕을 사모하여 스승으로 모시기 위해 모여드는 것입니다. 이것이 다 자신의 절제가 세상의 등불이 되어 천지를 비추기 때문입니다.

세상 모든 것에 신이 깃들어있다

스승님, 천지가 개벽할 때 가장 먼저 생기는 것이 신(神)이라고 들었습니다.
그러면 만물과 신 중에 어느 것이 먼저입니까?

세상 사람들은 항상 "어느 것이 먼저냐?"라는 되지도 않는 질문을 합니다. 신이나 만물이 떨어져있는 것이 아닙니다. 흑백으로 양분해서 생각하려는 태도로는 어느 문제도 해결할 수 없습니다. 만물이 신이고, 신이 만물입니다. 만물은 신의 모습이고, 신은 만물의 근본입니다.

  이렇듯 만물은 신과 같이 높은 존재인 것입니다. 이런 이치를 깨달아 사람과 만물을 소중하게 여겨야 합니다. 세상 모든 것에 신이 깃들어 있다는 것을 알고 만물을 소중히 여기는 사람은 마침내 신의 보호를 받으며 도에 가까워집니다.

  무릇 다른 사람의 인생을 지도하는 사람은 이런 이치를 먼저 깨달아야 합니다. 이 이치를 천하에 퍼뜨려 모든 사람이 실천하게 하는 것이 스승의 몫입니다. 이치를 알지 못하는 스승은 만물이 나날이 새롭게 변하는 것조차도 알지 못합니다. 이런 사람이 스승으로 있으면 오히려 사람들에게 해를 끼칠 수도 있습니다.

스승은 사람의 행동을 보고 그 마음의 움직임을 면밀히 관찰하여 개개인에 따라 실천해야 할 덕행을 가르쳐야 합니다. 마음이 반석과 같이 될 때까지 더욱 행동을 조심스럽게 가르쳐야 합니다. 또한 이치를 스스로 터득할 수 있도록 도와줘야 합니다.

운명학의 비결

운명학을 공부하는 방법을 알려주십시오.

책만 파고들면 운명이 보이지 않습니다. 상(相)의 길흉을 분명히 밝히려면 언제나 절제해야 합니다. 만물이 낭비되는 것을 하늘과 땅이 손상되는 것으로 여기고 사소한 것이라도 낭비하면 안 됩니다. 이처럼 3년을 절제하면 다른 사람의 상이 뚜렷이 보이기 시작합니다.

운명학자는 항상 스스로 실천하여 자연의 길흉을 몸에 간직하고 참뜻을 깨달은 후에 다른 사람의 상을 보아야 합니다. 이치를 깨닫지 못한 사람은 운명을 감정해도 어째서 길흉이 있는지 알 수 없습니다. 길흉을 모르는 운명학자들은 '운명 도적'이라고 할 수 있습니다.

상을 보러 온 사람 중에 도박이 직업인 사람이 있었습니다. 이 사람의 상을 보니 찢어지게 가난한 것은 물론 머지않아 불구가 될 운명이었습니다. 그런데 이 사람은 젊을 때부터 음식

낭비를 엄청나게 싫어하던 사람이었습니다. 가끔 도박으로 큰 돈을 벌면 흥청망청 써버리기는 했지만, 음식을 삼가고 죽을 먹는 것을 즐겼습니다. 심지어 개울에 떠내려 오는 풀잎들을 모아, 먹을 수 있는 것들은 정성스럽게 먹었습니다.

이 사람은 배운 것도 없고 내세울 직업도 없었지만, 음식으로 천지에 덕을 쌓아 마침내 유복하게 되었습니다.

아주 좋지 않은 운명이라도 음식을 근본으로 검소한 생활을 지키면 출세할 수 있습니다.

운명은 정해진 것이 아니다

선생님은 천하제일의 관상가라고 소문이 대단하십니다.
그런데 왜 음식절제만 강조하시고 인생의 길흉에 대해서는
자세한 말씀이 없으십니까?

내가 왜 상을 보는 줄 아십니까? 상(相)이란 스스로 몸을 다스리고 천하를 다스리는 대도(大道)이기 때문에 나 혼자 알아서는 안 되기 때문입니다. 그래서 많은 사람을 모아 그 도를 가르치기 위해서 상을 보고 길흉을 판단해주는 것입니다.

근래에 와서는 사람들에게 도를 가르치기만 할뿐, 길흉은 말해주지 않습니다. 왜 그런 줄 아십니까? 도를 행하면 길흉은 의미가 없어지기 때문입니다.

도의 근본은 식이요, 식을 근본으로 하여 도가 시작되니 음식에 관한 말을 많이 할 수밖에 없습니다. 상은 있다가도 없고, 없다가도 있는 것입니다. 길흉이란 처음부터 확정된 것이 아닙니다.

식을 절제하면 심신이 엄중해지므로 당연히 몸과 천하를 다스릴 수 있는 근본이 섭니다. 천지의 이치를 깨닫고 그것을 근본으로 하여 길흉을 판단해야 합니다.

이치를 모르는 보통 사람들도 음식을 절제함에 따라 그 법칙을 하나둘 깨닫는 것을 많이 보아왔습니다. 천하의 이치가 마음속에 싹 틔우는 모습을 본 것입니다. 이치가 마음에 싹트면 마음이 바르게 되어 몸이 자연스럽게 다스려집니다.

귀천을 떠나 식사를 절제하지 않고는 운명이 제대로 자리 잡기 힘들어집니다. 사람으로 태어나 만물의 법칙을 아는 것이 삶의 근본입니다. 그러나 알기만 해서는 아무 것도 아닙니다. 행동에 옮겨야만 합니다.

운명학의 근본도 식사 절제입니다. 식사를 절제하면 마음이 동요하지 않고, 마음이 동요하지 않으면 그 법칙을 빨리 깨달을 수 있습니다. 천지에는 목화토금수(木火土金水)의 오행과 오기(五氣)가 있고 사람에는 인의예지신의 오상(五常)이 있어, 만물은 모두가 그 쓰일 곳이 정해져 있습니다.

마음이 동요하는 사람은 자신이 어디에 쓰일지 알아챌 수 없습니다. 이것을 일컬어 격에 미치지 못한다고 말합니다. 격(格)에 미치지 못하는 사람들을 격외(格外)라고 부릅니다. 격외의 사람들은 사물의 이치에 어둡기 때문에 하늘로부터 받은 덕과 복을 줄이면서 살아갑니다.

　식사가 무절제한 사람의 인생은 등불 없이 칠흑 같은 밤길을 걷는 것과 마찬가지입니다. 그러니 기뻐해야 할 것도 식이요, 걱정해야 할 것도 식입니다.

음식이 운명을 좌우한다

절제 중 으뜸은 무엇입니까?

내가 십수 년 동안 관상 공부를 하고 운명을 감정하기 시작했을 때, 처음에는 틀리는 것이 거의 없어 크게 자만했습니다. 하지만 시간이 지나면서 큰 괴로움이 생겼습니다. 당시에는 식사의 중요함을 모르고 상(相)을 보았습니다. 그래서인지 가난할 운명이었는데도 부자가 되고 일찍 죽어야 할 사람이 오래 사는 것을 종종 보았습니다.

반대로 관상으로는 나중에 부자가 될 사람이었는데도 가난하게 되고, 장수할 상을 가진 사람이 요절하는 것도 보았습니다. 운명학자로서 상이 틀린다는 것은 너무나 괴로운 일이었습니다. 상을 보아 길흉을 판단하는 것만으로는 모두 맞출 수 없다는 사실도 알게 되었습니다.

고단한 수행 끝에 길흉의 근본이 식사에 있음을 알게 되었습니다. 음식의 중요성을 깨달은 이후에 식사의 절제 여부를 알아

보고, 그에 따라 평생의 길흉을 판단하니, 만의 하나도 실수하는 일이 없었습니다.

수년간 사람들에게 이를 가르치고, 가르침을 따르는 사람들에게 확인 또한 많이 해보았습니다. 1년 뒤에 틀림없이 큰 화를 입어야 될 사람도 식사를 절제하면 반드시 화를 모면했으며, 오히려 뜻하지 않은 좋은 일까지 생겼습니다.

또 평생 가난을 면치 못하는 불행한 운명을 갖고 있던 사람도 성공하고, 세상에 널리 유명해지기까지 했습니다. 오랜 지병으로 절대 오래 살 수 없었던 사람도 음식으로 인해 장수하는 것을 헤아릴 수 없이 많이 봤습니다.

잘살고 못사는 것, 오래 살고 일찍 죽는 것 등은 물론, 성공이나 출세 등도 모두 음식을 절제하는 것이 그 시작이며 끝입니다.

이를 깨달은 이후, 사람들에게 이것을 권하기 위해 쌀밥을 먹지 않고, 쌀이 들어간 떡조차 먹지 않는 생활을 해왔습니다. 다만 하루에 보리밥 세 그릇으로 먹는 양을 정하고 술은 어렸을 때부터 대단히 좋아했지만, 작은 잔 세 잔으로 그 양을 정했습니다.

이렇게 정한 것은 다 나를 위함이 아니라 사람들을 위해 내
식(食)을 줄인 것입니다. 세상에 큰 뜻을 펴고자 하는 사람이라
면 단 하루만이라도 음식을 절제해주기 바랍니다.

편저자 후기

어린 시절부터 크고 작은 질병에 시달리다 비교적 이른 나이에 자연의학에 발을 딛게 됐습니다. 스스로 몸을 고치고자 시작한 단식과 식이요법으로 건강을 되찾은 이후, 아픈 사람들과 같이 호흡하고자 또 수많은 단식과 생채식을 하게 됐습니다. 그 과정에서 큰 선물을 받은 적이 있어서, 더 높은 뜻을 구하고자 17~18일의 단식 후 물도 안 먹는 단식을 추가로 감행했던 무모한 시절도 있었습니다.

하지만, 진리는 곁에 있었습니다. 오늘 하루 마주하는 한 끼, 그 식사에 모든 것이 들어 있습니다. 오늘 하루 만나는 그 사람에 모든 것이 들어 있습니다. 오늘 하루 바람에 굴러 발에 걸린 작은 쓰레기에 들어 있습니다. 더 높은 뜻은 그렇게 세상 모든 것에 깃들어 있습니다.

책이 유명해지자 의외로 보리밥을 먹으면 되느냐, 메밀을 섞는 것이 좋냐, 진짜 쌀을 먹지 않아야 하느냐 등의 질문이 많았습니다. 책은 처음부터 끝까지 절제를 말하고 있는 것이지 무얼 먹거나 먹지 말라는 식이요법을 이야기한 것이 아닙니다. 나름의 절제 계획을 세우면 됩니다. 음식 절제가 죽어도 어렵다면 자기가 가진 헤진 옷가지 하나라도 아끼는 마음가짐을 갖는 것이 절제의 시작일 수도 있습니다.

시대적 한계와 지역적 한계가 있어서 직접적으로 예수님을 언급하고 있지는 않지만, 예수님 말씀을 듣는 것처럼 느껴지는 구절이 참 많습니다. 불자들에게는 진정으로 부처님을 닮으라고 권합니다. 이런 이유인지 많은 교회와 불교 단체에서 책을 구매해 사람들에게 나눠주기도 했습니다.

근래에는 월드스타이자 가수인 비까지 이 책을 추천하여 젊은 사람들에게도 절제가 알려지게 되어 너무나 행복한 일입니다.

이 책은 제 마음 속에 고이고이 간직하고 있던 보물이었습니다. 수십 번을 읽어도 어느 글 하나 진리 아닌 것이 없으니, 그 높은 뜻에 고개가 절로 숙여졌습니다. 그러다보니 최초 원본을 보고 싶어져서 일본에 사는 후배에게 원본을 찾아달라고 부탁했습니다.

어린 아이를 키우면서도 직접 도쿄 도서관에서 옛 원문을 찾아내서 번역해 준 권세진의 수고에 감사의 마음을 전합니다. 옛 글이다 보니 읽기 어려운 부분이 많아 선생의 뜻을 거스르지 않는 선에서 현대에 맞게 고쳤습니다.

이 책의 초판은 2005년 3월에 출간됐습니다. 출간 초기엔 거의 관심이 없는 분위기였지만, 차츰 널리 알려지게 됐습니다. 10년이 지나도록 꾸준히 사랑 받는 이유는 책에 담긴 지혜를 나누고자 하는 사람이 많기 때문일 겁니다.

이번에 책을 다시 만들면서 원문을 다시 꼼꼼하게 살펴보았습니다. 중간에 개정판을 내면서 빠진 부분을 보충했다고 생각했는데, 몇몇 소중한 글들이 누락된 것을 발견하여 추가하면서 몇몇 오류들도 교정했습니다.

더 많은 사람들이 이 책을 시작으로 생명을 아끼고 보살피는 기쁨을 느꼈으면 좋겠습니다. 모두 행복하세요.